Hechos

Serie «Conozca su Biblia»

Hechos

por Justo L. González

Augsburg Fortress

MINNEAPOLIS

Esta serie

«¿Cómo podré entender, si alguien no me enseña?» (Hechos 8.31). Con estas palabras el etíope le expresa a Felipe una dificultad muy común entre los creyentes. Se nos dice que leamos la Biblia, que la estudiemos, que hagamos de su lectura un hábito diario. Pero se nos dice poco que pueda ayudarnos a leerla, a amarla, a comprenderla. El propósito de esta serie es responder a esa necesidad. No pretendemos decirles a nuestros lectores «lo que la Biblia dice», como si ya entonces no fuese necesario leer la Biblia misma para recibir su mensaje. Al contrario, lo que esperamos lograr es que la Biblia sea más leíble, más inteligible para el creyente típico, de modo que pueda leerla con mayor gusto, comprensión y fidelidad a su mensaje. Como el etíope, nuestro pueblo de habla hispana pide que se le enseñe, que se le explique, que se le invite a pensar y a creer. Y eso es precisamente lo que esta serie busca.

Por ello, nuestra primera advertencia, estimado lector o lectora, es que al leer esta serie tenga usted su Biblia a la mano, que la lea a la par de leer estos libros, para que su mensaje y su poder se le hagan manifiestos. No piense en modo alguno que estos libros substituyen o pretenden substituir al texto sagrado mismo. La meta no es que usted lea estos libros, sino que lea la Biblia con nueva y más profunda comprensión.

Por otra parte, la Biblia —como cualquier texto, situación o acontecimiento— se interpreta siempre dentro de un contexto. La Biblia responde a las preguntas que le hacemos; y esas preguntas dependen en buena medida de quiénes somos, cuáles son nuestras inquietudes, nuestra dificultades, nuestros sueños. Por ello estos libros escritos en nuestra lengua, por personas que se han formado en nuestra cultura y la conocen. Gracias a Dios, durante los últimos veinte años ha surgido dentro de nuestra comunidad latina todo un cuerpo de eruditos, estudiosos de la Biblia que no tiene nada que envidiarle a ninguna otra cultura o tradición. Tales son las personas a quienes hemos invitado a escribir para esta serie. Son personas con amplia experiencia pastoral y docente, que escriben para que se les entienda, y no para ofuscar. Son personas que a través de los años han ido descubriendo las dificultades en que algunos creyentes y estudiantes tropiezan al estudiar la Biblia —particularmente los creyentes y estudiantes latinos. Son personas que se han dedicado a buscar modos de superar esas dificultades y de facilitar el aprendizaje. Son personas que escriben, no para mostrar cuánto saben, sino para iluminar el texto sagrado y ayudarnos a todos a seguirlo.

Por tanto, este servidor, así como todos los colegas que colaboran en esta serie, le invitamos a que, junto a nosotros y desde la perspectiva latina que tenemos en común, se acerque usted a estos libros en oración, sabiendo que la oración de fe siempre recibirá respuesta.

Justo L. González
Editor General
Julio del 2005

Contenido

Introducción

Un libro especial

Hechos, el quinto libro del Nuevo Testamento, es muy diferente de los demás. Antes de él se encuentran los cuatro Evangelios. Estos nos cuentan de la vida, obra y enseñanzas de Jesús. Después de Hechos vienen las Epístolas, la mayoría de ellas escritas por Pablo, que tratan asuntos específicos de las diversas iglesias. Pero entre los Evangelios y Romanos se encuentra este libro que nos habla acerca de la vida de la iglesia en los primeros años tras el ministerio de Jesús.

En cierto modo, esto es paralelo a lo que ocurre en el Antiguo Testamento. Allí tenemos primero cinco libros que hablan acerca de Dios como creador y como redentor, que sacó al pueblo de la esclavitud en Egipto con mano poderosa, y luego le dio la Ley para vivir como pueblo redimido por Dios. En el Antiguo Testamento, ése es precisamente el gran acto redentor de Dios: librar al pueblo de la esclavitud en Egipto y darle la Ley. En el Nuevo Testamento, el gran acto salvador de Dios es librarnos de la esclavitud del pecado y de la muerte por medio de la victoria de Jesucristo, y ofrecernos vida nueva, como pueblo redimido por Dios. En el Antiguo Testamento, a los cinco libros que hablan de las grandes acciones de Dios en la creación y la redención —el «Pentateuco»— siguen varios libros comúnmente llamados «históricos», y esos libros son como el puente entre la salida de Egipto y la llegada a la Tierra Prometida, por una parte, y la vida de Israel, guiada por los profetas y los libros de sabiduría —Job, Salmos, Proverbios, etc.— por otra. En el Nuevo Testamento, tras los cuatro libros acerca de cómo el Dios creador, encarnado en Jesucristo, nos ha librado de igual modo que libró a Israel de Egipto, viene este libro de Hechos —un libro histórico que en cierto modo sirve de puente entre la narración de los Evangelios y la sabiduría y dirección de las Epístolas. De igual modo que en el Antiguo Testamento, tras el Pentateuco, vienen los libros que cuentan cómo continuó la historia —Josué, Jueces, Reyes, etc.— así también en el Nuevo Testamento, tras los Evangelios, viene este libro, Hechos, que cuenta cómo continuó la historia.

Hechos tiene además otra característica particular: en realidad, es el segundo tomo de una obra en dos tomos. El primer tomo es el Evangelio de Lucas. Ese Evangelio, dirigido a cierto "Teófilo," tiene el propósito de contar por orden la cosas que Jesús hizo y enseñó. Ahora este segundo tomo, dirigido al mismo Teófilo, continúa la narración. Por eso empieza diciendo: «En mi primer escrito, Teófilo, me referí a todas las cosas que Jesús hizo y enseñó desde el comienzo hasta el día en que fue recibido arriba....» (1.1) A veces se nos hace difícil ver esto, porque en el Nuevo Testamento actual, entre Lucas y Hechos, está el Evangelio de Juan. Pero en realidad Lucas y Hechos son como dos partes de la misma historia. La primera parte trata acerca de la vida de Jesús, y la segunda acerca de la vida de la iglesia.

Esto nos lleva a otro punto en el que Hechos nos sorprende. En nuestra Biblia, el título completo del libro es «Los Hechos de los Apóstoles». Ciertamente, al empezar a leer el libro, vemos que se ocupa de lo que hicieron los apóstoles. Se nos da la lista de sus nombres, se nos cuenta sobre el Pentecostés, y se nos dice algo de la vida de aquella primerísima iglesia en Jerusalén. Pero rápidamente la atención parece inclinarse en otra dirección. Aparte de Pedro y de Juan, es bien poco lo que Hechos dice acerca de los apóstoles mismos o de su obra. En los capítulos 6 y 7, quien ocupa el centro del escenario es Esteban, que no era uno de los doce. En el 8, es Felipe, quien tampoco era uno de los doce, quien ocupa ese lugar. Y en el 9 la atención se vuelve hacia Saulo de Tarso. De la mayoría de los doce no se dice mucho más. Pedro aparece de nuevo en los capítulos 10 y 11, pero luego desaparece por largo tiempo, para reaparecer en el 15, y luego volver a desaparecer. Ahora es Pablo quien ocupa el centro de la narración. Pero a fin de cuentas, tampoco se nos cuenta toda la vida de Pablo, pues al final del libro quedamos, por así decir, «en el aire», en suspenso, sin saber qué fue de Pablo tras sus prisiones en Roma, ni cómo terminó su vida.

Lo mismo sucede con los personajes secundarios. El autor no se ocupa de decirnos qué fue de ellos con el correr de los años. Ni siquiera nos dice cuándo es que entran en escena y cuándo salen. Bernabé, por ejemplo, aparece en el capítulo 4, luego en el 9, y por último en los capítulos 11 al 15. En ese momento, el autor nos dice que Bernabé partió en una misión aparte de la de Pablo, y paralela a ella; pero de esa misión no se dice una palabra más. Felipe entra en escena en el capítulo 6, es el personaje central en el 8, y luego desaparece hasta una brevísima mención en el 21. Timoteo aparece solamente en los capítulos 16 al 20. Quienquiera que haya sido la persona que se refiere a Pablo y a sus acompañantes como «nosotros» aparece en el capítulo 16, luego en los capítulos 20 y 21, y por último en los capítulos 27 y 28. Pero tampoco de esa persona se nos dice cuándo se unió al grupo y cuándo se separó de él.

Esto se debe a que el libro se ocupa más de los hechos del Espíritu que de los hechos de los apóstoles. En la antigüedad, no era costumbre que los autores les pusieran título a sus libros. Los libros se reconocían por sus primeras palabras, o por el tema de sus primeras secciones. Este libro empezaba sencillamente con las palabras, «En el primer tratado, Teófilo». El título de «Hechos de los Apóstoles» le fue dado, no por su autor, sino por intérpretes que necesitaban un modo breve de referirse a él. Puesto que los primeros capítulos tratan en efecto de los hechos de los apóstoles, ese título le viene bien. Pero hoy los títulos de los libros no se refieren solamente al modo en que comienzan, ni al tema de sus primeras páginas, sino al libro todo, y a su tema desde el principio hasta el fin. Por ejemplo, si un libro se llama «*Historia del Perú*», es de esperarse que todo el libro trate sobre esa historia. Entonces, si hoy fuéramos a ponerle título a este libro, no lo llamaríamos «Hechos de los Apóstoles», sino quizá «Hechos del Espíritu» o «Hechos de la Iglesia», porque en realidad el tema del libro es mucho más amplio que lo que hicieron los apóstoles tras la resurrección de Jesús. El libro trata sobre lo que sucedió en la iglesia por obra del Espíritu. Cuando los apóstoles tienen un lugar preponderante en esos sucesos, el libro trata sobre ellos. Pero cuando la obra del Espíritu tiene lugar en otras secciones de la iglesia, es de esa obra que el libro se ocupa.

Su autor

Puesto que se trata de una obra en dos tomos, lo primero que podemos decir acerca de su autor es que es el mismo que escribió el Evangelio de Lucas. Tradicionalmente se le ha dado el nombre de «Lucas», y no hay razón para darle otro nombre. Por otra parte, algunos han pensado que este «Lucas» es el mismo a quien Pablo se refiere como «el médico amado» (Col 4.14). Acerca de esto no hay pruebas, ni tampoco hay motivos para negarlo. Luego, lo más común es referirse al autor de Hechos como «Lucas», sin dar más detalles.

Pero sí podemos decir algunas cosas acerca de Lucas. En primer lugar, no cabe duda de que se trata de un cristiano ferviente y convencido. La historia que narra no es una historia que le es extraña o que ha aprendido de libros. La historia que Lucas cuenta es importante para él porque, aunque su nombre no aparezca en ella, es la historia de toda una serie de acontecimientos que han impactado su vida profundamente. Es la historia a través de la cual la fe le ha llegado. Sin esa historia, el propio Lucas no puede comprenderse a sí mismo —de igual modo que sin la historia de mis padres, de mi iglesia y de mi comunidad yo no puedo entenderme a mí mismo. Lo que es más, Lucas cuenta esta historia para incorporar a Teófilo en ella. Aunque no lo diga, Lucas quiere que Teófilo también, como el propio Lucas, conozca y acepte esta historia como suya. No se sabe si este Teófilo era creyente o no. Si Teófilo todavía no es creyente, Lucas le está invitando a serlo. Y si ya lo es, Lucas le está contando algo de cómo esa fe le ha llegado —está mostrándole el puente que le une con el mismo Jesús cuya vida contó en su Evangelio.

Sabemos además que Lucas era una persona culta. Su uso de la gramática y de diversos recursos literarios lo da a entender. Era conocedor de los métodos que se empleaban entonces para contar y escribir la historia. En repetidas ocasiones, al referirse a alguna ciudad del Imperio Romano, da señales de conocer las características particulares de esa ciudad. Así, por ejemplo, en cada ciudad se refiere a los funcionarios según sus títulos oficiales dentro del complicadísimo sistema de gobierno del Imperio Romano, donde cada ciudad tenía su propia forma de gobierno.

El título de «excelentísimo» que Lucas le da a Teófilo (Lc 1.3) se reservaba entonces para personas de una categoría social relativamente alta. En Hechos, Lucas pone el mismo título en labios de Pablo al dirigirse a Festo (26.25; compárese con 23.26; 24.3). Luego, aunque no sabemos acerca de la familia o el trasfondo de Lucas, parece que, además de tener cierta educación, tenía al menos algunos contactos con personajes relativamente importantes. Su libro va dirigido a uno de esos personajes.

Por último, bien puede ser que el propio Lucas haya acompañado a Pablo en alguno de sus viajes. Hacia el final de Hechos, hay varios pasajes en los cuales, en lugar de referirse a Pablo y a sus acompañantes en tercera persona («fueron», «dijeron», etc.), se refiere a ellos en primera persona plural («fuimos», «pasamos», etc.). Estos pasajes, que a veces reciben el nombre de «pasajes de nosotros», dan a entender que el autor fue parte de lo que cuenta. Aunque algunos eruditos han tratado de explicar esto de otras maneras, lo más fácil y normal es tomar el texto tal como está, y concluir entonces que el autor estaba con Pablo, por ejemplo, cuando él y sus acompañantes naufragaron en Malta (28.1). Sobre esto volveremos más adelante, al tratar sobre esos pasajes en detalle.

Tiempos difíciles

El libro de Hechos no nos dice cuándo fue escrito. Pero por una serie de indicios los estudiosos de la Biblia han llegado a la conclusión de que se escribió aproximadamente en el año 80. Estos eran tiempos difíciles para el cristianismo. Unos quince años antes, Nerón había desatado la primera persecución contra los cristianos. Probablemente tanto Pedro como Pablo murieron durante esa persecución. Aunque para el año 80 la tormenta había amainado, siempre había el peligro de que el Imperio Romano restableciera la persecución. Ese peligro aumentaba al tiempo que la iglesia misma crecía, pues si las autoridades romanas se ocuparon de crucificar a un predicador en la lejana provincia de Judea, cuánto más se mostrarían suspicaces ante un movimiento que ya se iba expandiendo por todo el Imperio, y que decía que aquél a quien el Imperio mismo había crucificado era nada menos que el Salvador del mundo, y el Rey de un nuevo reino.

Para complicar las cosas, poco después de la persecución de Nerón los judíos se rebelaron. Ésta fue casi la última de toda una serie de rebeliones por parte de los judíos contra las fuerzas de ocupación. La guerra fue cruenta y los rebeldes judíos se defendieron heroicamente. Pero la resistencia contra el poderío romano resultó fútil. Los romanos aplastaron la rebelión y destruyeron buena parte de Jerusalén. El Templo quedó en ruinas. Buena parte de la población de Judea tuvo que abandonar la región. Lo que quedaba de la comunidad cristiana en Jerusalén se refugió en la ciudad de Pela, donde subsistió por varias generaciones, pero desde donde era poco el impacto que podía hacer sobre el resto de los cristianos.

Aquella rebelión creó aun mayores dificultades para la iglesia naciente. Los judíos más ortodoxos, muchos de los cuales se habían opuesto a la predicación cristiana desde sus inicios, ahora se mostraban todavía más hostiles, sobre todo por cuanto, según los cristianos, Jesús había anunciado la destrucción del Templo. Para los rebeldes derrotados y para sus partidarios, los cristianos eran malos judíos, traidores contra su pueblo y su religión. Por ello, la iglesia que hasta entonces se había abierto paso mayormente entre los judíos fue volviéndose cada vez más gentil. Posiblemente sea por ello que Hechos se ocupa principalmente de la misión entre los gentiles, y que el libro mismo va dedicado a Teófilo, quien ciertamente era gentil.

Por otra parte, la rebelión también les acarreó dificultades a los cristianos frente al Imperio Romano. Ante los ojos de las autoridades romanas, que no se interesaban mucho en sutilezas teológicas o en disputas doctrinales, los cristianos no eran sino una secta más dentro del judaísmo. Si los judíos se habían mostrado rebeldes e intransigentes, lo mismo podía esperarse de los cristianos. Posiblemente sea por ello que Lucas, al escribirle al «excelentísimo» Teófilo, se preocupe tanto por mostrar las diferencias entre el judaísmo y el cristianismo, cómo y por qué surgió la ruptura entre la iglesia e Israel, y cómo los cristianos se mostraron siempre respetuosos de las autoridades romanas.

Por último, la iglesia se enfrentaba también al reto de la ausencia de buena parte de sus primeros líderes. Cincuenta años después de la crucifixión y resurrección de Jesús, casi todos los primeros testigos de la fe habían muerto. De la vieja iglesia de Jerusalén, ahora mayormente refugiada en la remota ciudad de Pela, apenas si quedaba el recuerdo. ¿Qué debían hacer los cristianos, ahora que faltaban los jefes naturales del movimiento? ¿Habrían quedado abandonados, no solamente por Jesús, sino también por sus discípulos, los apóstoles?

El Espíritu Santo

La respuesta de Lucas a todas estas dificultades y peligros se encuentra en la presencia del Espíritu Santo en la comunidad de los fieles. Jesús no ha abandonado a la iglesia, sino que, tras su ascensión al Padre, ha enviado al Espíritu Santo. La función del Espíritu es precisamente la de darles a los creyentes guía y fortaleza en medio de la adversidad, y llevarles a dar testimonio cada vez más amplio de Jesús. Si los cristianos son vistos con suspicacia tanto por judíos como por romanos, y si entre ambas comunidades se exponen a grandes peligros, no han de temer, pues el Espíritu Santo está con ellos. Si el mundo es amplio y parece difícil llevar el mensaje por sobre toda la faz de la tierra, han de saber que esa obra sólo es posible en virtud de la presencia del Espíritu entre ellos. Y, si al enfrentarse a nuevas circunstancias no saben qué hacer y añoran el ejemplo y guía de los apóstoles, han de saber que los apóstoles mismos estuvieron bajo la dirección del Espíritu, y que ese mismo Espíritu está todavía entre ellos.

Ese es el tema central del libro de Hechos: la presencia del Espíritu en la comunidad de los fieles, y cómo ese Espíritu apoya, corrige y fortalece la obra de los creyentes.

Dos maneras de leer el libro

Empero, el libro de Hechos no siempre se ha leído como un libro acerca del Espíritu. Al menos desde el siglo segundo, siempre ha habido quien ha preferido leerlo como un libro de reglas para la iglesia, como una especie de constitución a la cual hay que sujetarse. Esto se entiende, puesto que a los humanos nos gustan las cosas que podemos clasificar y manejar. Queremos tenerlo todo bajo nuestro control. Y, si hay algo que resulta claro acerca del Espíritu Santo, es que está fuera de todo control humano; que, como el viento, sopla de donde le parece y cuando le parece.

Ya en el siglo segundo hubo a quien no le gustó entender el libro como la historia de la acción del Espíritu en la iglesia, y prefirió leerlo como el paradigma de las prácticas apostólicas a las cuales todos han de sujetarse. Fue entonces que se le dio al libro el título de «Hechos de los Apóstoles», con lo cual se tendía a hacer de los apóstoles, y no del Espíritu, los protagonistas del libro. Si los apóstoles hicieron las cosas de cierto modo, entonces debería ser obligación de la iglesia hacerlo del mismo modo. La iglesia está para guardar el orden apostólico, y no para emprender nuevas aventuras de fe, o para responder a los nuevos retos con nuevas estructuras. Así, por ejemplo, si los apóstoles hicieron que se eligiera a siete varones para manejar los asuntos financieros de la iglesia (capítulo 6), la iglesia siempre ha de ser administrada por siete varones. Y hasta se llegó a darles el título de «diáconos», y a pretender que ese título es el que se les da en Hechos, cuando en realidad tal no es el caso. (Véase más adelante el comentario sobre este pasaje.) Más tarde hubo quien sugirió que, puesto que los apóstoles eligieron a quien habría de tomar el lugar de Judas echando suertes, la iglesia siempre ha de escoger a sus líderes de igual modo. Otros han debatido si el bautismo ha de ser en el nombre de Jesús, o del Padre, Hijo y Espíritu Santo, y lo han hecho basándose en pasajes en Hechos donde se habla del bautismo en el nombre de Jesús. Otros, utilizando el mismo pasaje, dicen que el Espíritu se recibe en la confirmación, y que, puesto que en Hechos fueron Pedro y Juan quienes les impusieron las manos a los creyentes en Samaria, y recibieron el Espíritu, ahora son solamente los obispos, sucesores de los apóstoles, quienes tienen igual autoridad y responsabilidad.

Todas estas maneras de interpretar diversos pasajes tienen un punto en común: todas leen el libro como una serie de reglas, y no como una historia de cómo y con cuánta libertad el Espíritu actúa en la iglesia, tanto afirmando lo que la comunidad y sus líderes deciden, como corrigiéndolo.

En el siglo segundo, este modo de leer el libro llegó a tal punto, que alguien produjo una nueva edición con cambios al parecer ligeros, pero significativos. A esta versión, que todavía existe, los eruditos llaman el «texto occidental». En esa otra versión, algunas de las cosas más radicales que Lucas parece haber escrito se suavizan o hasta se eliminan. Tal es el caso en particular de todo lo que tiene que ver con las mujeres y su posición en la iglesia. Mediante una serie de cambios al parecer ligeros, el texto occidental hace aparecer a las mujeres como menos importantes. Así, por ejemplo, la pareja de «Priscila y Aquila», mujer y marido, que en el texto original aparecen casi siempre en ese orden, en el texto occidental se vuelven «Aquila y Priscila». Lo mismo sucede con otras mujeres, a quienes el texto occidental relega a segundo plano.

Frente a esa manera de leer Hechos como una serie de reglas o —peor todavía— de rescribirlo de tal modo que sirva de apoyo a las estructuras y prejuicios existentes, en las páginas que siguen intentaremos leer Hechos como entendemos que Lucas intentó que se leyese: como un testimonio a la dirección y el poder del Espíritu, y como una invitación a mostrarnos abiertos a esa dirección y a confiar en ese poder.

Bosquejo del libro

Hechos comienza con la ascensión de Jesús y la promesa y dádiva del Espíritu (los dos primeros capítulos). Luego cuenta algo acerca de la iglesia en Jerusalén, y sus primeros conflictos con los líderes religiosos de Judea (capítulos 2 al 7). A esto le sigue la primera expansión de la fe más allá de Judea (desde el capítulo 8 hasta la mitad del 12), lo cual incluye la conversión de Pablo (capítulo 9). Por último, el resto del libro (a partir de la segunda mitad del capítulo 12) se dedica al trabajo misionero de Pablo, para terminar con su cautiverio y el proceso que le llevó a Roma. Luego, una forma sencilla de bosquejar el libro de Hechos, que nos servirá también de bosquejo para el resto de nuestro estudio, es la siguiente:

1. La dádiva del Espíritu *(capítulos 1 y 2)*
2. La iglesia en Jerusalén *(capítulos 3 al 7)*
3. El testimonio se expande *(8.1–12.24)*
4. Primer viaje de Pablo *(12.25–14.28)*
5. El «concilio» de Jerusalén *(15.1–35)*
6. Segundo viaje de Pablo *(15.36–18.22)*
7. Tercer viaje de Pablo *(18.23–20.38)*
8. Encarcelamiento y juicio de Pablo *(capítulos 21 al 26)*
9. Viaje de Pablo a Roma *(capítulos 27 y 28)*

La dádiva del Espíritu

(Hechos, capítulos 1 y 2)

Introducción

El libro empieza mostrando su relación con el Evangelio de Lucas. De igual modo que cualquiera de nosotros, si escribe un libro que es secuela de otro, hace referencia al primero al empezar el segundo, así también Lucas, al empezar este segundo escrito, se refiere al primero. El primero es el Evangelio de Lucas, dirigido al mismo Teófilo a quien ahora Lucas dirige este segundo libro. Como era de esperarse, Lucas empieza este segundo libro con un brevísimo resumen de lo que contó en el primero. Aquel primer libro trataba de «todas las cosas que Jesús hizo y enseñó desde el comienzo hasta el día en que fue recibido arriba» (1.1-2). Si usted estudia los Evangelios, verá que de los cuatro, Lucas es el único que continúa hasta contar la ascensión de Jesús. Luego, en este segundo libro Lucas retoma la narración donde la dejó al final del primero.

De «Teófilo» a quien los dos libros van dirigidos, sólo se sabe el nombre y que tenía el título de «excelentísimo» (Lc 1.3), lo cual le haría parte de la baja aristocracia romana. El nombre quiere decir «amado de Dios» o «amante de Dios», y por ello algunos han sugerido que el tal Teófilo no existió, sino que es el nombre que Lucas le da a cualquier lector de buena voluntad que se acerque a sus libros para entender algo del evangelio. Pero esto no convence a la mayoría de los estudiosos, porque «Teófilo» era un nombre bastante común, y además porque al darle el título de «excelentísimo» Lucas parece estarse dirigiendo a una persona concreta.

Lo más probable es que Teófilo fuese un creyente a quien Lucas le dedicó su Evangelio, y a quien ahora le dedica otro libro para hacerle ver que él también es parte de la historia que empezó en el Evangelio. Bien podemos imaginar que Teófilo, tras leer el Evangelio de Lucas, le preguntaría a su autor: «Ya sé de la historia de Jesús y de su mensaje de salvación. Pero, ¿cómo fue que ese mensaje de salvación llegó hasta nosotros?» Es como respuesta a una pregunta tal que Lucas escribe Hechos.

La promesa del Espíritu y la ascensión

Tras su resurrección, y después de habérseles presentado repetidamente a los discípulos, Jesús les da instrucciones unidas a una promesa. Las instrucciones son que no han de salir de Jerusalén, sino permanecer allí. Esto es importante, porque bien podríamos imaginar que los discípulos, tras todo lo que había acontecido en Jerusalén, no tendrían muchos deseos de quedarse allí. La promesa es que han de recibir el poder del Espíritu Santo. Los discípulos quieren saber si lo próximo que ha de acontecer será la restauración de Israel. Pero Jesús les dice que eso no es lo que ha de preocuparles. El futuro está en las manos de Dios. Lo que sí han de saber es que el Espíritu Santo vendrá sobre ellos y les dará poder. Y ese poder no es para «saber los tiempos o las ocasiones», sino para ser testigos de Jesucristo «en Jerusalén, en toda Judea, en Samaria y hasta lo último de la tierra» (1.8).

Aquí es importante señalar que a través de toda la historia de la iglesia siempre ha habido quien ha dicho tener una sabiduría especial para conocer «los tiempos y las ocasiones». Algunos dijeron que el Señor vendría en el año 500; otros, en el 1000; otros, en el 1240. Hasta el día de hoy, hay quienes siguen proponiendo fechas, frecuentemente diciendo que han descubierto la clave en las Escrituras, o que el Espíritu se la ha revelado. El hecho es que el propio Jesús nos dice que esto no es asunto de nuestra incumbencia. La dádiva del Espíritu no es para entender todos los misterios y toda la ciencia, sino para ser testigos.

Tras darles estas instrucciones y esta promesa, Jesús los deja, al subir al cielo. Los discípulos se quedan pasmados mirando hacia arriba. Pero «dos varones con vestiduras blancas» (dos ángeles) les dicen que no han de quedarse allí como esperando a un ausente, porque Jesús vendrá de nuevo a ellos.

La elección de Matías

Siguiendo las instrucciones de Jesús, los discípulos regresan a Jerusalén. Pero mientras esperan la venida del Espíritu, Pedro les sugiere que elijan a alguien para tomar el lugar del traidor Judas. El argumento de Pedro es sencillo: Los que Jesús escogió eran doce. Ahora que falta uno, hay que buscar quien ocupe esa posición vacante. Lo que es más, Pedro establece ciertos criterios que el candidato ha de tener. En particular, ha de contarse entre quienes siguieron a Jesús desde el principio hasta el final, (¡requisito que varios de los once no llenan!). Tras un breve discurso de Pedro en el que ofrece las razones por las que le parece que esto ha de hacerse, los presentes proponen dos candidatos, y luego deciden entre ellos echando suertes. Quien así resulta electo es Matías, de quien no se sabe más que el nombre, y a quien no se vuelve a mencionar ni en Hechos ni en todo el Nuevo Testamento.

Esta historia acerca de la elección de Matías nos puede servir de ilustración de lo que decíamos en la Introducción, que el libro de Hechos puede leerse e interpretarse de dos maneras diferentes. Una de ellas hace de Hechos un libro o manual de disciplina, invitándonos a hacerlo todo según el ejemplo de los apóstoles. La otra, ve en Hechos el testimonio de cómo el Espíritu actúa en la iglesia, normalmente a través de las decisiones y la sabiduría de los apóstoles, pero en otras ocasiones corrigiéndolas. Así, la historia de la elección de Matías puede leerse de dos modos diferentes.

Un modo de leer e interpretar esta historia, como si Hechos fuese un manual de disciplina, es pensar que, así como los primeros discípulos eligieron a su nuevo líder echando suertes, así también la iglesia ha de escoger a sus líderes. Por ridículo que esto parezca, ha habido cristianos que han sugerido precisamente esto.

El mismo tipo de interpretación ha llevado a otros a sugerir que cuando hay que escoger un nuevo liderato, esto ha de hacerlo todo el cuerpo de los creyentes, porque cuando Pedro dijo su discurso y se eligió a Matías los que estaban presentes eran, no sólo Pedro y los otros diez, sino unas ciento veinte personas (1.15). Bien puede ser cierto que para escoger a nuestros líderes debamos consultar a toda la comunidad. Pero usar este texto para justificarlo implicaría que tras seleccionar a dos candidatos hemos de escoger entre ellos echando suertes.

En contraste, el mismo pasaje puede leerse viendo en él uno de tantos ejemplos en Hechos en los que el Espíritu corrige, o hasta no acepta, lo que hacen los apóstoles. En este caso, Pedro y los demás, en lugar de esperar la venida del Espíritu Santo como Jesús les había indicado, deciden adelantarse al Espíritu escogiendo a Matías. El hecho mismo de que Matías no se vuelve a mencionar es índice de que en realidad la elección, posiblemente hecha con toda buena voluntad, no fue del agrado del Espíritu. (Alguien ha dicho, con cierto grado de razón, que los discípulos escogieron a Matías, pero el Espíritu escogió a Pablo, de quien trata la mayor parte del libro de Hechos.)

Así visto, el texto no nos habla tanto de cómo han de seleccionarse los dirigentes de la iglesia, como del modo en que todos los dirigentes —¡hasta los apóstoles!— han de estar atentos a la dirección del Espíritu, y esperar a que esa dirección les llegue, en lugar de pensar que ya saben lo que le conviene a la comunidad o lo que el Espíritu desea.

El Pentecostés

Lucas pasa entonces al episodio más importante de todo su libro, porque es ese episodio el que marca y señala todo lo que ha de acontecer en el resto de la narración. Se trata de la dádiva del Espíritu en el día de Pentecostés.

La palabra «Pentecostés» viene de una raíz griega que quiere decir «cincuenta». Era el nombre que los judíos de habla griega le daban a una fiesta judía que tenía lugar tras haber pasado 49 días desde la celebración de la Pascua. En la Pascua, el pueblo de Israel celebraba la acción redentora de Dios, cuando hirió a los primogénitos de Egipto, pero el ángel de la muerte no tocó a los hijos de Israel. Entonces, tras 49 días (lo que los judíos llamaban «una semana de semanas», porque siete por siete son 49), el pueblo celebraba la entrega de la Ley en Sinaí. Si la Pascua era el día de la liberación o de la redención, Pentecostés era el día en que Dios le dio la Ley a Israel para que supiera vivir como pueblo redimido de Dios.

Ahora, cincuenta días después de la Pascua —y por tanto también cincuenta días después de los acontecimientos de Semana Santa— los discípulos, como buenos judíos, están reunidos para celebrar la fiesta de Pentecostés. Aparentemente no esperaban nada especial. Es de suponerse que, tras casi dos meses de espera, algunos empezaban a preguntarse por qué Jesús les había dicho que permanecieran en Jerusalén.

Ahora, dice Lucas, «de repente», inesperadamente, ocurren hechos extraordinarios. Se escucha un gran estruendo que «llenó toda la casa donde estaban», es decir, que la sacudió. Y aparecen lenguas como de fuego, que van y se posan sobre la cabeza de cada uno de los que estaban reunidos.

(En griego, como en español, la palabra «lengua» quiere decir tanto «idioma» o «lenguaje» como el órgano físico, o cualquier cosa que tenga la misma forma, como estas llamas o «lenguas como de fuego». Probablemente Lucas está bien conciente de este doble uso de la palabra, y lo utiliza con toda intención.)

Cuando todo esto acontece, gentes de las más diversas naciones y lenguas escuchan lo que los discípulos están diciendo; pero lo escuchan en sus propias lenguas, y esto les causa gran asombro a la mayoría. Pero otros se burlan, diciendo que esta gente está borracha. Es entonces que Pedro se pone de pie y pronuncia su discurso (2.14-36), explicando que quienes hablan todas estas lenguas no están embriagados, sino que se está cumpliendo en ellos una profecía de Joel: «En los postreros días —dice Dios—, derramaré de mi Espíritu sobre toda carne....»

Sobre todo este episodio, hay varios puntos que merecen atención. El primero de ellos es la cuestión de quiénes recibieron el Espíritu y empezaron a hablar en lenguas. Muchos cuadros famosos nos pintan a los doce apóstoles, frecuentemente sentados en círculo, con lenguas de fuego sobre la cabeza de cada cual. Otros incluyen a la Virgen María. Pero el hecho es que Lucas nos ha dicho que los que estaban reunidos eran «como ciento veinte en número» (2.15), y que no dice que entre todos estos fuesen sólo los doce quienes recibieron el Espíritu. El Espíritu vino sobre la comunidad, no sobre un grupo selecto. Todos empezaron a hablar en lenguas que hasta entonces les eran desconocidas, pero que otras personas entendían.

Esto nos lleva al segundo punto que hay que señalar. En otros casos en el Nuevo Testamento, el hablar en lenguas es un don misterioso que algunos reciben, y las lenguas que hablan no las entiende la congregación, a menos que alguien las traduzca (1 Co 14.13). Aquí, en contraste, el hablar en lenguas tiene un propósito de comunicación. Los creyentes reciben este don, no para gloriarse por haberlo recibido, sino para que puedan predicar el Evangelio en toda una diversidad de lenguas.

En tercer lugar, los que los escuchan, los oyen «en su propia lengua» (2.6). Esto es de suma importancia. Si el propósito del Espíritu era sencillamente hacer que las gentes escucharan lo que los discípulos decían, bien podía haber hecho que toda esa gente de tan diversos lugares entendiera la lengua de los discípulos. Pero no; el Espíritu hace que cada cual escuche el mensaje en su propia lengua. Esto es de suma importancia, pues es señal de que el Evangelio no está atado a la cultura de los discípulos —ni a ninguna otra cultura en particular. Si el Espíritu hubiera hecho que todos entendiesen el habla de los discípulos, entonces para ser verdadero cristiano —o al menos para ser mejor cristiano— hubiera sido necesario aprender la lengua y las costumbres de los discípulos, adoptar su cultura, y abandonar la propia. Si, al contrario, lo que el Espíritu hace es traducir el Evangelio a una variedad de lenguas, esto es índice de que el Evangelio puede encarnarse en toda una variedad de culturas, y que ninguna de ellas ha de tener supremacía sobre las demás.

Como resultado de esto, en sus mejores momentos la obra misionera cristiana no ha intentado convencer a las gentes a aceptar una cultura particular, sino que las ha invitado más bien a aceptar el Evangelio y vivirlo en su propia cultura, alabando y predicando en su propia lengua y según sus propias tradiciones. Cuando, al contrario, nos hemos olvidado de esto, los cristianos han confundido la tarea evangelizadora con la promoción de su propia cultura, y lo que debió ser buenas nuevas de redención corre el riesgo de convertirse en malas nuevas de dominación.

El cuarto punto es en cierto sentido consecuencia del primero, pero va mucho más allá. En su discurso, Pedro no dice que la profecía de Joel se esté cumpliendo porque hayan descendido lenguas de fuego, ni siquiera por el milagro que ahora se manifiesta. La profecía se está cumpliendo porque toda una variedad de personas que normalmente no tendrían posiciones de importancia en Israel ahora reciben el Espíritu y profetizan. Quienes profetizan no son rabinos adiestrados en las mejores escuelas de Judea. No son ni siquiera tan sólo los apóstoles. ¡Todos profetizan! Pedro lo dice bien claro: «derramaré de mi Espíritu sobre toda carne, y vuestros hijos y vuestras hijas profetizarán; vuestros jóvenes verán visiones y vuestros ancianos soñarán sueños; y de cierto sobre mis siervos y sobre mis siervas, en aquellos días derramaré de mi Espíritu, y profetizarán» (2.17–18). El milagro de Pentecostés no se limita a lo que podríamos calificar de estrictamente «religioso». El milagro tiene también una inaudita dimensión social. No sólo los jefes, sino todos, reciben el Espíritu. No sólo los varones, sino también las mujeres, profetizan. Jóvenes y ancianos, varones y mujeres, todos reciben el Espíritu por igual, y por igual hablan en lenguas, y por igual proclaman el Evangelio.

Las consecuencias del Pentecostés

Las gentes responden de muy variadas maneras al milagro de Pentecostés y al discurso de Pedro. Al principio, algunos pensaban que los discípulos estaban borrachos. Pero tras el discurso son muchos los que se arrepienten y son bautizados. Luego, la primera consecuencia de Pentecostés, y la más obvia, es que muchas personas creen. Jesús les había prometido a los discípulos que tras recibir el poder del Espíritu Santo le serían testigos, empezando en Jerusalén. Ahora se cumple esa promesa, y son millares los que creen y son bautizados (2.41).

Pero la dádiva del Espíritu tiene también otras consecuencias, que se manifiestan primordialmente en la vida interna de la iglesia. Lucas nos dice que, como consecuencia de los acontecimientos de Pentecostés, los cristianos perseveraban en cuatro cosas (2.42): «en la doctrina de los apóstoles, en la comunión unos con otros, en el partimiento del pan y en las oraciones». Y luego pasa a explicar cada uno de estos puntos un poco más (2.43-47).

Respecto a la «doctrina de los apóstoles», Lucas dice que los apóstoles hacían «muchas señales y maravillas». Estas señales no tienen el propósito de asombrar al pueblo, sino de invitarle a la fe y la obediencia. Son parte de la «doctrina» o enseñanza de los apóstoles. Es de suponerse que los apóstoles enseñaban sobre todo contando acerca de Jesús, de sus enseñanzas y de sus hechos. Esto fue en buena medida lo que hizo Pedro en su discurso el día de Pentecostés. Pero los apóstoles enseñaban también mediante hechos milagrosos. Como se puede ver en todos los Evangelios, y en el resto de Hechos, estos milagros por lo general tienen el propósito, no sólo de mostrar la veracidad del Evangelio, sino también de aliviar el sufrimiento, de enderezar lo torcido, y por tanto, de hacer cumplir la voluntad de Dios.

Además, según veremos en los próximos capítulos de Hechos, las «señales y maravillas» que los apóstoles hacen, no siempre les resuelven los problemas, sino todo lo contrario. Son precisamente esas señales y maravillas las que les crean dificultades y hasta persecución.

En todo caso, lo importante aquí es que una de las señales de la dádiva del Espíritu es la perseverancia de los creyentes en la doctrina. Frecuentemente algunos han pensado que si tienen el Espíritu de Dios esto les autoriza para crear nuevas doctrinas, para declarar que han tenido visiones contrarias a lo que la iglesia siempre ha enseñado, o que ahora tienen una comprensión del Evangelio más profunda que la de cualquier otra persona. Hechos muestra todo lo contrario. La dádiva del Espíritu no lleva a nuevas especulaciones, ni a revelaciones que contradigan la doctrina apostólica. Al contrario, esa dádiva produce perseverancia en la doctrina de los apóstoles. Lo que es más, esa dádiva del Espíritu no siempre nos resuelve los problemas. Hay cristianos que piensan que pueden ver la obra de Dios en todas las cosas buenas que les acontecen, pero que no saben qué decir cuando algo malo sucede. La «doctrina de los apóstoles», según se manifestará en los capítulos que siguen, es que frecuentemente la fidelidad cristiana, el obedecer los mandatos del Espíritu, más bien que simplificar la vida y evitarnos problemas, nos complica la vida y nos mete en dificultades.

En segundo lugar, como resultado de la dádiva del Espíritu, los cristianos perseveran «en la comunión unos con otros». Desafortunadamente, para nosotros hoy la palabra «comunión» ha perdido buena parte de su sentido original. Para nosotros, «tener comunión» es llevarnos bien unos con otros, gozarnos en nuestra compañía mutua. Ciertamente, eso es parte del tener comunión; pero no es todo. En griego, la lengua en que el Nuevo Testamento fue escrito, tener comunión (tener *koinonía*) es también compartir. Todavía la misma palabra castellana, «comunión», conserva la raíz «común». Tener comunión es hacer común, compartir. Esto lo aclara Lucas cuando explica un poco más lo que dijo en el versículo 42, que «perseveraban .... en la comunión», en los versículos 44 y 45: «Todos los que habían creído estaban juntos y tenían en común todas las cosas: vendían sus propiedades y sus bienes y lo repartían a todos según la necesidad de cada uno». Puesto que Lucas volverá sobre este tema más adelante, en el capítulo 4, no es necesario decir más sobre el tema. Baste señalar que esta «comunión» es algo en que los creyentes perseveraban como resultado de haber recibido el Espíritu.

La tercera práctica en que los creyentes perseveraban era «el partimiento del pan» (2.42). Lucas lo explica más en el versículo 44: «partiendo el pan en las casas comían juntos con alegría y sencillez de corazón.» Esto es lo que hoy llamamos la «comunión» o «Santa Cena». Desde sus mismos inicios, la iglesia acostumbró reunirse periódicamente para partir el pan, haciendo en ello memoria de Jesús —tanto de su pasión y muerte como de su resurrección y de la esperanza de la consumación del Reino. Aquí, Lucas nos indica que tal fue la práctica desde el principio mismo de la vida de la iglesia. (Y así continuó siendo a través de casi toda la historia de la iglesia, y es todavía en muchas iglesias, excepto en aquéllas que han hecho de la predicación el centro del culto, y en las que la Cena se celebra sólo esporádicamente.)

Por último, Lucas nos dice que las «oraciones» en que los discípulos perseveraban (2.42) eran las del Templo. Los judíos tenían por costumbre acudir al Templo a orar a ciertas horas del día, y los primeros cristianos continuaron esa costumbre. Naturalmente, cuando se les echó de las sinagogas y se les prohibió el acceso al Templo, otras prácticas de oración vinieron a ocupar el lugar de las oraciones en el Templo. En sus mejores tiempos la iglesia siempre ha perseverado, no solamente en la oración, sino en una oración disciplinada, como lo hacían los primeros discípulos.

Toda esta sección termina con palabras muy positivas, pues se nos dice que los creyentes tenían «favor con todo el pueblo» y que «el Señor añadía» constantemente más personas a la iglesia.

Sin embargo, como veremos en el próximo capítulo, pronto empezaron las dificultades. Y comenzaron, como hemos dicho, precisamente debido a los milagros que los apóstoles hacían.

La iglesia en Jerusalén

(Hechos, capítulos 3 al 7)

Curación de un cojo

Siguiendo la costumbre que Lucas acaba de señalar, Pedro y Juan se dirigen al Templo a la hora de la oración. (La «hora novena», en 3.1, era aproximadamente las tres de la tarde.) Al igual que en el caso de muchas iglesias hoy, era frecuente encontrar en la puerta del Templo a personas desvalidas pidiendo limosna. Así, al entrar al Templo, junto a una de sus puertas, encuentran a un cojo de nacimiento. (No se sabe exactamente cuál de las puertas del Templo es ésta que Lucas llama «la Hermosa». Pero en todo caso, los cristianos le han dado un valor simbólico como lugar de testimonio y de sanidad.) Como era de esperarse, el cojo les pide limosna. Los apóstoles son pobres, y no tienen limosna que dar. Pero es entonces que Pedro pronuncia sus famosas palabras: «No tengo plata ni oro, pero lo que tengo te doy: en el nombre de Jesucristo, levántate y anda» (3.6).

Antes de seguir adelante, hay al menos tres puntos que es necesario señalar. El primero es que Pedro no dice que no sea bueno darle dinero al necesitado. Dice sencillamente que, puesto que no tiene dinero, le dará otra cosa. Este pasaje no es excusa para no ayudar al necesitado en todo lo que podamos —con milagros y oración, sí, pero también con sanidad, ayuda económica, trabajo, leyes más justas, etc.

En segundo lugar, Pedro sana al hombre, no para que crea —aunque ciertamente el hombre va a creer— sino por compasión. Frecuentemente los cristianos han debatido si deben o no ayudar a los necesitados que se niegan a creer, o si la ayuda ha de ser únicamente una especie de «anzuelo» para que crean. Los apóstoles, siguiendo en ello el ejemplo de Jesús, le hacen bien al necesitado. Es de esperarse que, en vista del bien hecho, el cojo crea. Pero si no cree, ya los apóstoles le han ayudado con el solo hecho de sanarle. (Recuerde que Jesús sanó a los leprosos, aunque éstos ni siquiera volvieran a darle las gracias, Lc 17.11-19.)

El tercer punto, que bien puede sorprendernos, es que el cojo no se sana por su fe. El texto no nos dice una palabra en el sentido de que el cojo creyese. Son los apóstoles los que tienen fe; pero no el cojo, quien no quiere más que una limosna. En el Nuevo Testamento, los milagros de sanidad van normalmente unidos a la fe; pero no necesariamente a la fe del enfermo, sino a la del mensajero de salud y salvación. (Nótese que esto es diferente a lo que hacemos hoy, cuando le decimos al enfermo, «si tienes fe, sanarás». Si el milagro o la falta de él son señal de fe o de falta de ella, esa falta bien puede estar, no en el enfermo que no se cura, sino en la persona misma que le invita a tener fe.)

Cuando Pedro le ayuda a levantarse, el cojo no sólo se levanta, sino que salta y alaba a Dios. Lucas nos dice que «todo el pueblo» vio el milagro, y que, puesto que conocían al hombre y sabían que era cojo de nacimiento, «se llenaron de asombro y de espanto por lo que le había sucedido» (3.10). Debemos señalar esto porque, como veremos más adelante, la cuestión de la opinión y los sentimientos del «pueblo» será de gran importancia.

La explicación del milagro

Pedro, Juan, el cojo y toda una multitud se reúnen entonces en un pórtico del Templo (el llamado «de Salomón», 3.11), donde Pedro aprovecha la ocasión para proclamar el Evangelio. Estamos todavía en el tercer capítulo de Hechos, y éste es ya el tercer discurso de Pedro. (El primero llevó a la elección de Matías, y el segundo fue su famoso discurso en Pentecostés.) En este tercer discurso o sermón, Pedro empieza por decirle al pueblo que no han de admirarles a él y a Juan por el milagro que ven, sino a Dios: «¿Por qué os admiráis de esto? ¿O por qué ponéis los ojos en nosotros, como si por nuestro poder o piedad hubiéramos hecho andar a éste? El Dios de Abraham...» (3.12-13). El sujeto de la acción no son los apóstoles, sino Dios. El milagro es de Dios, no de los apóstoles. Y esto indica que el mensaje también es de Dios, y no de los apóstoles.

Pedro empieza indicando que su mensaje no es acerca de un Dios extraño, sino que es obra del «Dios de Abraham, de Isaac y de Jacob, el Dios de nuestros padres». Este Dios es quien «ha glorificado a su Hijo Jesús». Pero, si quienes le escuchan son hijos de Abraham y seguidores del mismo Dios, el hecho es que han negado y entregado a Jesús. Pedro no dice, como después se ha afirmado repetidamente, que los judíos crucificaron a Jesús. Según él, lo que el pueblo hizo fue entregar a Jesús a los romanos (a Pilato), y que cuando Pilato quiso soltar a Jesús, ellos le rechazaron. Esa acusación es particularmente hiriente para muchos de quienes escuchan a Pedro, pues lo que el apóstol está diciendo es que el pueblo ha rechazado a uno de los suyos —judío como ellos— entregándolo en manos del gobierno extranjero para que fuese crucificado.

En este punto de su discurso, Pedro incluye una ironía que hace que sus palabras sean más punzantes. El pueblo pidió que Pilato librara a «un homicida», es decir, a uno que quitaba la vida, y en su lugar «matasteis al Autor de la vida». ¡Quien era culpable de haber destruido la vida fue absuelto, y aquél de quien toda vida proviene, entregó la suya!

Empero, Pedro inmediatamente indica que la historia no terminó con la crucifixión del Autor de la vida, sino que «Dios le resucitó de los muertos». La Vida vive todavía. Y es de esto que «nosotros [es decir, Pedro y Juan] somos testigos» (3.15).

Acto seguido, Pedro relaciona todo esto con lo que el pueblo acaba de presenciar. Es «por la fe en su nombre» (no la fe del enfermo, sino la de los apóstoles) que el cojo ha sido sanado, como todos los presentes pueden atestiguar. Pedro declara que si el pueblo y sus gobernantes entregaron a Jesús, esto lo hicieron por ignorancia, y que en todo caso la muerte de Jesús es lo que Dios «antes había anunciado por boca de todos los profetas» (3.18). Luego, lo que corresponde no son recriminaciones, sino una invitación al arrepentimiento y a la fe, de modo que los pecados de quienes escuchan puedan ser borrados. Todo esto es parte del plan de Dios que culminará en la venida de Jesucristo y «la restauración de todas las cosas» (3.21).

Para mostrar entonces que esto es plan de Dios, y que guarda continuidad con la antigua fe de Israel, Pedro acude a una serie de referencias bíblicas, primero a Moisés, y luego a «todos los profetas desde Samuel en adelante». En particular, se refiere a la promesa que Dios le hizo a Abraham (Gn 12.3): «En tu simiente serán benditas todas las familias de la tierra» (3.25).

Todo esto lleva a una conclusión que bien podría parecer inesperada a quienes escuchan el discurso de Pedro. Tras recriminarles por haber entregado al Autor de la vida, Pedro les dice que Dios envió a Jesús «para que os bendijera, a fin de que cada uno se convierta de su maldad» (3.26). Es decir, que el propósito de Dios es de bendecir a todos mediante la venida de Jesucristo, incluso a quienes le traicionaron y entregaron a los romanos.

Todo esto es importante, porque desgraciadamente a través de su historia la iglesia repetidamente ha culpado a los judíos por la muerte de Jesús, y les ha declarado pueblo despreciado y olvidado. En consecuencia, una de las grandes manchas en la historia del cristianismo son las frecuentes matanzas de judíos, y la constante discriminación contra ellos. Pero Pedro, al tiempo que no olvida que quienes le escuchan se cuentan entre quienes poco antes negaron a Jesús y le entregaron a los romanos para ser crucificado, con todo y ello les invita al arrepentimiento, y les dice que todo esto ha acontecido, no para su condenación, sino para su bendición.

Las consecuencias del milagro

El discurso de Pedro queda interrumpido, y por tanto Lucas no nos dice qué resultados tuvo. Pedro y Juan están todavía hablándole al pueblo cuando se presentan las autoridades. Poco antes Pedro había dicho que tanto el pueblo como sus gobernantes entregaron a Jesús «por ignorancia» (3.17). Pedro no está culpando a las autoridades por lo sucedido. Pero ahora esas mismas autoridades se molestan, «resentidos de que enseñaran en el Templo y anunciaran en Jesús la resurrección de los muertos» (4.2).

Estas autoridades que se presentan son «los sacerdotes con el jefe de la guardia del Templo y los saduceos» (4.1). Los sacerdotes tenían la función de oficiar en el culto en el Templo. La guardia del Templo estaba a cargo del orden en el recinto sagrado. Los saduceos eran uno de los principales partidos en que se dividía la población judía. Los saduceos pertenecían en su mayoría a la vieja aristocracia judía, que se mostraba más dispuesta que el resto del pueblo a colaborar con Roma, y que además era más conservadora en materias de religión. Para ellos, el centro de la religión de Israel estaba en el Templo y en su culto, y por ello normalmente eran aliados de los sacerdotes —o al menos de los de altos rangos entre los sacerdotes, porque había muchos que, aunque pertenecían a la casta sacerdotal, gozaban de pocos privilegios. El principal grupo dentro del judaísmo que se oponía a los saduceos era el de los fariseos. Estos representaban a las clases más bajas, que no veían con tanto agrado la ocupación romana —aunque tampoco estaban dispuestas a rebelarse contra ella. Su fe no se centraba tanto en el culto del Templo como en la Ley. Tal fe resultaba más atractiva para quienes no podían acudir al Templo y llevar sacrificios, ya fuese porque vivían lejos, o ya porque eran demasiado pobres. Es por ello que en Galilea, donde tiene lugar buena parte del ministerio de Jesús, los fariseos eran mucho más numerosos que los saduceos. Y es por ello también que frecuentemente se les acusaba de ser legalistas. Para ellos, lo más importante era asegurarse, por ejemplo, de guardar el sábado en su forma más estricta. En cuanto a puntos teológicos, los fariseos diferían de los saduceos por cuanto los fariseos esperaban la resurrección final de los muertos, y los saduceos la negaban. (Cuando Lucas escribe su libro, ya el Templo no existe, y por tanto los saduceos están en plena decadencia. En esa nueva situación, en la que ya nadie puede acudir al Templo, los fariseos cobran poder, y su religión, basada en el cumplimiento de la Ley, que puede hacerse en cualquier lugar aunque no haya Templo, es la que le va a dar forma al judaísmo a partir de entonces.)

Teniendo esto en mente, se nos hace más fácil comprender las razones por las que las autoridades se oponen a la predicación de los apóstoles. Lucas dice que vinieron «resentidos de que [los apóstoles] enseñaran al pueblo y anunciaran en Jesús la resurrección de los muertos» (4.2). Examinando estas palabras, vemos que las razones de su oposición a los apóstoles son principalmente dos, una de autoridad y otra de doctrina. Es por cuestión de autoridad que están resentidos. El Templo es el lugar donde enseñan y ofician los principales sacerdotes. Es el lugar donde se reúne la gente distinguida. La función de enseñar en él no se le puede confiar a nadie que no sea parte de esa casta sacerdotal selecta. ¡Y ahora estos galileos, que no son ni siquiera habitantes de Jerusalén, se atreven a enseñar en el Templo! La razón doctrinal la encontramos explícitamente en Hechos: las autoridades está resentidas de que los apóstoles proclamen «en Jesús la resurrección de los muertos» (4.2). Estos galileos no sólo se atreven a enseñar en el Templo, sino que además afirman una resurrección que los saduceos niegan.

Las autoridades prenden a Pedro y Juan y les dejan encarcelados. En esos tiempos, la prisión se usaba raramente como medio de castigo. Los condenados pagaban multas, recibían azotes, eran enviados a trabajar en las minas o a remar en las galeras, y hasta se les ejecutaba; pero por lo general no se les condenaba a prisión. La prisión se usaba más bien como hoy se usan las fianzas: para asegurarse de que los acusados comparecerían al juicio. En este caso, se decide dejar a los apóstoles en la prisión «porque era ya tarde» (4.3). Eso se comprende si recordamos que fue a las tres de la tarde que todo este episodio comenzó. Puesto que para juzgarles se ha de reunir el Concilio o Sanedrín, y éste tiene que ser convocado, el juicio se deja para el día siguiente.

A pesar de todo esto, son muchos los que creen a raíz del discurso de Pedro. Lucas dice que «el número de los hombres era como cinco mil» (4.4). Siglos después, un predicador famoso —Juan Crisóstomo— señalaría que las dificultades y la persecución no siempre impiden el crecimiento de la iglesia, que en este pasaje crece precisamente en el momento en que Pedro y Juan son arrestados y se ve claramente que sus enseñanzas no son del agrado de muchos de los poderosos en Jerusalén.

Los apóstoles ante el Concilio

Al día siguiente se reúne el Concilio. La lista de algunos de los participantes que Lucas nos da es impresionante: «se reunieron en Jerusalén los gobernantes, los ancianos y los escribas, y el sumo sacerdote Anás, y Caifás, Juan, Alejandro y todos los que eran de la familia de los sumos sacerdotes» (4.5-6). A partir de este momento, y hasta llegar al capítulo 6, veremos que Lucas establece un contraste entre «el pueblo» y la cúpula aristocrática de los saduceos, los sumos sacerdotes, y los «ancianos». Hasta al capítulo 6, el «pueblo» se muestra favorable hacia los cristianos, mientras que la cúpula social y teológica busca aplastarles, o al menos hacerles callar.

La pregunta que se les hace entonces a los acusados es una cuestión de autoridad: «¿Con qué potestad o en qué nombre habéis hecho esto?» (4.7). El hacer algo «en nombre» de alguien conlleva estar autorizado por esa persona y ser su representante. Así, por ejemplo, cuando un policía dice «¡Abran en nombre de la ley!», lo que quiere decir es que él representa la ley, que el sistema legal le ha autorizado para ordenar que se le abra. Luego, lo que estos jefes de Israel les preguntan a los apóstoles es quién les ha autorizado para hacer lo que han hecho. Además, en el lenguaje de la época el «nombre» era mucho más de lo que es para nosotros hoy. Para nosotros hoy, el «nombre» es un sonido, una serie de letras, por las que se nos reconoce. Así, por ejemplo, cuando le doy mi nombre a alguien lo único que estoy diciendo es cómo han de llamarme. En la Biblia, el «nombre» es mucho más que eso. El nombre es la persona misma. Bautizar «en nombre» de Dios no es sencillamente bautizar en representación de Dios, sino bautizar por el poder mismo de Dios. Al invocar el «nombre» de Dios, es Dios mismo quien está presente. (Recuérdese que en el Antiguo Testamento y por siempre en la religión de Israel el nombre de Dios es tan sagrado que no se pronuncia. Pronunciarlo sería como querer adueñarse de Dios.)

Pues bien, ahora los dirigentes del Concilio les preguntan a Pedro y a Juan en qué nombre o con qué autoridad han sanado al cojo y han enseñado en el Templo. A esto responde Pedro con el cuarto de sus discursos en Hechos. En este caso, su discurso es relativamente corto, pues abarca sólo cuatro versículos y medio (4.8b-12). Pero es un discurso importantísimo, porque señala la ruptura de la iglesia con los jefes de Israel, y además proclama el señorío universal de Jesús. Lo que Pedro les dice a sus jueces en tan pocas palabras es mucho. Les señala, en primer lugar, cuán extraño es esto de que se les llame a cuenta por «el beneficio hecho a un hombre enfermo». En otros palabras, que aparentemente no se les acusa de hacer mal, sino de hacer bien sin autoridad para ello. (Lo cual nos recuerda los muchos conflictos de Jesús con las gentes religiosas que se quejaban, por ejemplo, de que sanase en sábado.) En segundo lugar, Pedro les echa en cara que fueron ellos los que crucificaron a Jesús. Aunque en realidad la crucifixión era un castigo romano, y fueron los romanos quienes crucificaron a Jesús, estos jefes y autoridades religiosas de Israel se hicieron cómplices de esa crucifixión al conspirar para arrestar a Jesús y para llevarle ante los romanos. En tercer lugar —y esto es lo más terrible— éste a quien ellos entregaron es el escogido de Dios, y Dios ha dado amplio testimonio de ello resucitándole de entre los muertos. Aquí Pedro hace una referencia al Salmo 118.22: «La piedra que desecharon los edificadores ha venido a ser la cabeza del ángulo», y llama a sus jueces «vosotros los edificadores». Aquí radica el gran pecado de estos jueces. Habían sido colocados como edificadores, como quienes debían velar por el bien del pueblo; pero en lugar de eso, llevados por sus intereses, sus temores y su colaboración con los romanos, rechazaron a quien es la piedra principal de la construcción que Dios dirige. El verdadero edificador, quien en fin de cuentas hace los planos y coloca las piedras, es Dios; pero estos edificadores quisieron ser más sabios que Dios, y en su soberbia rechazaron al elegido de Dios.

Pedro llega entonces a la conclusión de su discurso, en respuesta a la pregunta que se le ha hecho. Los jueces le han preguntado en qué nombre han sanado al enfermo (4.7). Ahora Pedro les dice claramente que lo han hecho en el nombre de Jesús, y «y en ningún otro hay salvación, porque no hay otro nombre bajo el cielo, dado a los hombres, en que podamos ser salvos» (4.12).

Estas palabras se citan frecuentemente, y con razón, al invitar a las personas a creer en Jesús, señalando que sólo en su nombre hay salvación. Pero no olvidemos que en este pasaje lo que se está discutiendo no es la salvación eterna, sino la salud del cojo. Aunque en español tenemos dos palabras, «salud» y «salvación», en griego éstas dos son una sola palabra. La «salvación» del cojo no consiste en ir al cielo o en poseer la vida eterna —aunque su completa salvación sí lo incluye. Su «salvación» en este caso concreto consiste en levantarse, andar y saltar como cualquier otra persona sana. Luego, lo que Pedro está diciendo es mucho más de lo que comúnmente entendemos, que no hay otro camino hacia la vida eterna que el nombre de Jesús. Lo que Pedro está diciendo es que no sólo la vida eterna —la «salvación» en el sentido en que hoy usamos esa palabra— sino toda salud y todo bien provienen de este Jesús, piedra del ángulo a quien los edificadores rechazaron.

Una vez más, para entender esto hay que recordar que el «nombre» es mucho más que el sonido, «J-E-S-Ú-S». El nombre de Jesús es Jesús mismo. Lo que Pedro está diciendo es que toda salvación, toda salud, todo bien, todo ser, proviene de Jesús. (En este contexto conviene recordar las palabras de Juan 1, en el sentido de que todo cuanto existe fue hecho por el Verbo que se encarnó en Jesús, y que ese mismo Verbo es la luz que ilumina a toda persona que viene al mundo.) Si en Mongolia un médico cura a un enfermo, aunque ese médico nunca haya escuchado la palabra «Jesús», es Jesús quien está actuando allí, dándole el conocimiento necesario y sanando al enfermo. Una vez más, «no hay otro nombre bajo el cielo, dado a los hombres, en que podamos ser salvos» —o sanos.

El Concilio no sabe qué hacer. Por una parte, se maravillan de cómo estos dos apóstoles, personajes sin estudios ni letras, pueden hablar con tanta claridad. Además, tienen frente a ellos al cojo que ha sido sanado, y cuya sanidad no pueden negar. El Concilio hace salir a los acusados y, tras deliberar sobre el asunto, decide tomar una acción intermedia entre condenarles y absolverles: «amenacémoslos para que no hablen de aquí en adelante a hombre alguno en este nombre» (4.17).

Tal es frecuentemente la reacción de los poderosos que se encuentran es posiciones insostenibles. En lugar de confesar su error, o de enmendar sus acciones, tratan de manipular la opinión pública, de modo que lo que es notorio parezca falso. En tiempos recientes, esto se llama «control de la prensa». Al igual que los gobernantes de Israel, los gobernantes de hoy —y muchas veces los jefes de la iglesia— se preocupan más por su autoridad que por la verdad o por el bien del pueblo. Por ello, como aquel Concilio, en lugar de procurar que la verdad se conozca, buscan el modo de darle un giro que les sea más conveniente.

Pero los apóstoles no se dejan intimidar y responden: «Juzgad si es justo delante de Dios obedecer a vosotros antes que a Dios, porque no podemos dejar de decir lo que hemos visto y oído» (4.19-20). Ante tal firmeza, el Concilio sólo puede amenazarles una vez más y dejarles ir.

La respuesta de la comunidad

Pedro y Juan regresan entonces al seno de la iglesia y cuentan lo sucedido. Dadas las circunstancias, el poder del Concilio, y el modo en que les habían amenazado, era de esperarse que los creyentes le pidieran a Dios paz y protección. Pero lo que hacen es todo lo contrario. Lo que ha causado la confrontación con el Concilio en primer lugar fue el milagro de la curación del cojo. Y lo que ahora los cristianos piden no es que no haya más problemas, sino todo lo contario: piden más milagros como el que llevó a los apóstoles ante el Concilio. Dicen: «Y ahora, Señor, mira sus amenazas y concede a tus siervos que con toda valentía hablen tu palabra, mientras extiendes tu mano para que se hagan sanidades, señales y prodigios mediante el nombre de tu santo Hijo Jesús» (4.29.30). En otras palabras, «dales a tus siervos valentía para desobedecer al Concilio, y danos a todos más de esos prodigios y señales que tantos problemas nos causan». Estos cristianos se preocupan mucho más por su testimonio que por su propio bienestar y tranquilidad.

Todas las cosas en común

Ahora Lucas vuelve sobre lo que nos dijo antes más brevemente, que como resultado de la presencia del Espíritu todos los creyentes tenían todas las cosas en común. Esta segunda vez, empero, la explicación es más detallada. En los versículos 32 al 35, Lucas repite lo de tener las cosas en común. Luego, muy brevemente, da un ejemplo positivo del modo como esto funcionaba (4.4.36-37). De allí pasará, en el próximo capítulo, a ofrecernos un ejemplo de cuándo no funcionaba (el caso de Ananías y Safira, 5.1-11) y por último, tras una especie de paréntesis para continuar la historia de Pedro y Juan y sus confrontaciones con el Concilio (45.12-42), a un caso en el que fue necesario hacer ajustes en el gobierno de la iglesia para mantener la justicia en el compartimiento de bienes (6.1-7).

En esta segunda explicación de la «comunión», del tener las cosas en común, Lucas nos da más detalles. En primer lugar, deja claro que el fundamento de todo esto no es una ley que haya que obedecer, al estilo de un régimen político que proclame la comunidad de bienes. No, sino que la base de todo esto es que «la multitud de los que habían creído era de un corazón y un alma»

(4.32). Si comparten todas las cosas, esto es porque ya comparten el corazón y el alma. El compartir no empieza con las cosas, sino con los sentimientos. Es porque ya comparten sus sentimientos, porque son de un corazón y de un alma, que estos cristianos pueden compartir sus bienes como lo hacen.

En segundo lugar, es importante notar que los verbos están en lo que en gramática se llama «pretérito imperfecto», y no en «pretérito indefinido». Los verbos son «vendían, traían, ponían, se repartía», y no «vendieron, trajeron, pusieron, repartieron». Lo que esto indica es que, a diferencia de lo que muchas veces pensamos, lo que sucedió no fue que todos fueron y vendieron todo lo que tenían, sino que se estableció la práctica, repetida una vez y otra, de vender propiedades para responder a las necesidades de los más pobres. No era cuestión ideológica, como lo ha sido después para muchas comunidades y comunas, sino que era cuestión de responder a las necesidades que iban apareciendo (4.35).

Todo esto se comprueba al examinar los tres ejemplos que Lucas da —como hemos dicho, uno positivo, el de Bernabé, otro trágicamente negativo, el de Ananías y Safira, y otro por así decir intermedio, el de la distribución para las viudas.

El ejemplo de Bernabé

Como ejemplo de lo que acaba de decir, Lucas menciona el caso de Bernabé. Éste era un judío oriundo de Chipre cuyo nombre era José, pero a quien los apóstoles pusieron por sobrenombre «Bernabé», que según Lucas quiere decir «Hijo de consolación». Este Bernabé será personaje importante en los comienzos de la vida cristiana de Pablo, y luego en el primer viaje misionero que ambos emprendieron juntos. Por una serie de motivos que veremos más adelante, al llegar la hora del segundo viaje misionero, Bernabé y Pablo se apartaron. Por ello, puesto que centra su atención en la obra misionera de Pablo, Lucas no nos dice más acerca de Bernabé, de modo que tristemente no sabemos más acerca de él ni de su contribución a la expansión de la fe cristiana.

En todo caso, lo que Lucas nos dice de Bernabé en este capítulo 4 de Hechos es bien breve. Bernabé «vendió una heredad que tenía y trajo el producto de la venta y lo puso a los pies de los apóstoles» (4.37). No es necesario decir más, porque el caso no tiene discusión, y aparentemente no es sino un ejemplo de varios que Lucas pudo habernos dado, del modo en que se compartían los bienes.

Ananías y Safira

Viene entonces el caso contrario. Ahora la práctica de compartir los bienes se corrompe con consecuencias desastrosas. Ananías y Safira son un matrimonio que también tiene una propiedad, y la vende. Pero, en lugar de decir la verdad, conspiran entre sí para decirles a los apóstoles que lo que están trayendo es todo el producto de la venta. Ananías va entonces y les entrega a los apóstoles lo que dice ser todo el dinero recibido, y Pedro le recrimina.

Es importante notar que Pedro no le recrimina por haber traído sólo parte del dinero. Al contrario, le dice que no tenía obligación alguna de vender su propiedad y que, una vez vendida, tampoco tenía obligación de ofrendar todo lo recibido. El pecado no está en dar o no dar, sino en la mentira. La mentira, mucho más que el dar o no dar, es un atentado contra la vida misma de la iglesia. El ser «de un corazón y un alma» (4.32) no puede darse en una iglesia donde predomina la mentira. En resumen, Pedro le dice a Ananías que no les ha mentido a meros seres humanos, sino a Dios mismo. Y a consecuencia de ello Ananías cae muerto.

Mientras los jóvenes de la iglesia le están dando sepultura a Ananías, llega su mujer Safira, quien nada sabe de lo acontecido. Safira insiste en la mentira de Ananías, con el resultado de que ella también cae muerta.

Dados tales acontecimientos, no ha de sorprendernos lo que Lucas dice a continuación: «Y sobrevino gran temor sobre toda la iglesia y sobre todos los que oyeron estas cosas» (5.11).

Continúan las señales y prodigios

Continuando su narración, Lucas deja ahora por un momento la cuestión del uso de los bienes, y regresa al tema de las señales que se manifiestan a través de los apóstoles, y de cómo continúa el conflicto entre los apóstoles y el Concilio.

Aparentemente en respuesta a las oraciones de los fieles, Dios sigue concediendo milagros «por la mano de los apóstoles» (5.12). Los creyentes se reúnen ahora en el pórtico de Salomón —es decir, el mismo lugar donde Pedro y Juan estaban predicando cuando fueron arrestados por primera vez. Luego, en lugar de obedecer el mandato del Concilio, que pretendía amordazarles, los apóstoles siguen enseñando —y para colmo, lo hacen en el mismo sitio en que antes fueron arrestados. Al mismo tiempo, los prodigios que tienen lugar son tantos que las gentes vienen desde otras ciudades para ser sanadas. En una palabra, los apóstoles sencillamente se desentienden del mandato y de las amenazas del Concilio.

Nueva confrontación con el Concilio

Las autoridades no pueden tolerar tal desobediencia. Lucas nos dice que tenían celos de los apóstoles, quienes tenían el favor del pueblo y a quienes el pueblo parecía respetar más que a quienes se consideraban sus líderes religiosos. Luego, quienes ahora se oponen a los apóstoles son los mismos de antes: el Sumo Sacerdote y la secta de los saduceos.

Una vez más, los jefes del Concilio hacen arrestar a Pedro y a Juan, quienes son encarcelados en espera de su juicio. Pero por la noche un ángel les libera y les da instrucciones para que regresen al Templo y continúen enseñando en él.

La fuga de los prisioneros causa gran consternación entre quienes pretendían hacer callar a los apóstoles —«el Sumo Sacerdote y el jefe de la guardia del Templo y los principales sacerdotes» (5.24). Entonces les llega la noticia, posiblemente más desconcertante todavía, de que los fugados, en lugar de huir, están otra vez enseñando en el Templo. Los jefes del Concilio, sabiendo que los apóstoles gozan del favor del pueblo, y temiendo ser apedreados si se produce una confrontación, envían al jefe de la guardia del Templo, quien busca a estos predicadores desobedientes, y «los trajo sin violencia, porque temían ser apedreados por el pueblo» (5.26).

Sigue entonces una segunda confrontación entre los apóstoles y el Concilio. En cierto modo, esta segunda confrontación no es sino la continuación y consecuencia de la primera. En aquella ocasión anterior, el Concilio les ordenó a Pedro y a Juan, bajo pena de azotes, que no continuasen proclamando el nombre de Jesús, ni haciendo prodigios en su nombre. Ya en aquella primera instancia, los apóstoles les respondieron que no podían obedecer tal orden, que era contraria al mandato que habían recibido de Dios. Luego, puesto que ni una parte ni la otra están dispuestas a ceder, el choque es inevitable.

Los primeros versículos de esta segunda confrontación dicen poco de nuevo. El Concilio les recuerda a los apóstoles de la advertencia que les había hecho, y ellos contestan que tienen que obedecer a Dios antes que a los humanos. Por tanto, no pueden obedecer las ordenanzas del Concilio.

Los miembros del Concilio se enfurecen. Hasta se habla de matar a los apóstoles. Pero entonces interviene uno de los miembros del Concilio, persona respetada por todos, y pide que los acusados salgan de la reunión, para poder discutir el caso. Cuando los acusados están, afuera, Gamaliel les advierte a los miembros del Concilio que han de tener cuidado, no sea que en su celo religioso se estén oponiendo a Dios. Para calmarles, les habla de otros movimientos que tuvieron lugar poco antes. Uno de ellos fue el de Teudas, y otro el de «Judas el Galileo». Estos dos personajes —el segundo de ellos en tiempos del nacimiento de Jesús— llegaron a tener numerosos seguidores y a causarles gran preocupación a los jefes de la nación. Pero a la postre ambos movimientos se deshicieron. Por tanto, Gamaliel les aconseja ahora a los miembros del Concilio que no tienen que preocuparse tanto, pues si este movimiento al que ahora se enfrentan no es de Dios, desaparecerá por sí solo. Pero si, por el contrario, es de Dios, lo mejor es que el Concilio no se oponga.

Lucas dice que los miembros del Concilio «estuvieron de acuerdo con él». Pero con todo y eso, hacen azotar a los apóstoles, para cumplir con la amenaza que les habían hecho antes. Una vez más les mandan callar y no enseñar más en el nombre de Jesús. Y les dejan ir. En esta segunda ocasión, quizás porque ya saben cuál será la respuesta, ni siquiera les dan la oportunidad de aceptar o rechazar lo que se les ordena.

Por su parte, los apóstoles salen «gozosos de haber sido tenidos por dignos de padecer afrentas por causa del Nombre» (5.41). Esto es notable, pues lo normal es no sentir gozo ante las afrentas. Pero esta actitud fue común entre los primeros cristianos, y siempre ha sido común entre los creyentes más fieles, quienes saben que si el ser obedientes a su Señor las crea dificultades y afrentas, ello es un privilegio que Dios les da.

Por último, el capítulo 5 termina indicando bien claramente que los apóstoles no se doblegaron ante los mandatos y amenazas del Concilio. Lucas nos lo dice claramente: «Y todos los días, en el Templo y por las casas, incesantemente, enseñaban y predicaban a Jesucristo» (5.42).

La cuestión de la distribución a las viudas

Una vez más, Lucas vuelve sobre el tema del uso de los bienes para beneficio de los necesitados. En este caso se trata de la distribución a las viudas. Para entender todo este pasaje, hay que recordar que en aquella sociedad lo más común era que las mujeres no tuviesen propiedades ni otros recursos en su propio nombre. En tal caso, las propiedades le pertenecían al marido o, si éste moría, a los hijos. Puesto que los hijos no siempre se ocupaban —o tenían los recursos para ocuparse— de las viudas, la Biblia repetidamente menciona a las viudas como uno de los grupos hacia los cuales el pueblo de Dios debe mostrar especial compasión. (Los otros grupos o categorías son, además de las viudas, los huérfanos, los pobres y los extranjeros.) En la Palestina del siglo primero, la situación empeoraba porque muchos judíos de la Diáspora —es decir, judíos que vivían lejos de Palestina— regresaban a Tierra Santa para ser enterrados en ella. En consecuencia, había un gran número de personas mayores en Jerusalén, lo cual resultaba en un gran número de viudas. Aparte de la fe cristiana, las sinagogas judías se ocupaban de las viudas, distribuyendo comida y otros recursos entre ellas. Luego, era normal que la iglesia cristiana, en la cual había tal espíritu de solidaridad y de compartir, hubiese también distribución de recursos entre las viudas. Posiblemente esto se haría tanto más necesario por cuanto, si una viuda se unía a la iglesia y sus hijos se molestaban, la viuda podía quedar completamente desamparada.

Pero lo que una iglesia pequeña puede hacer se complica según esa iglesia va creciendo. Lucas lo dice claramente: «como crecía el número de los discípulos, hubo murmuración....» (6.1). Además, para complicar las cosas, había ciertas divisiones y recelos dentro de la sociedad judía, y ahora esas divisiones se introducen en la iglesia.

En este caso particular, se trata de las diferencias entre dos grupos a quienes Lucas llama «los griegos» y «los hebreos». En realidad, ambos grupos son judíos. La diferencia está en que, mientras los llamados «hebreos» se han criado en Palestina y su idioma es el de la región, los llamado «griegos» se han criado fuera de Tierra Santa, en territorios donde la lengua más común es el griego, y por tanto, aunque sean judíos, se les conoce como «griegos». Las tensiones entre estos dos grupos son serias, como sucede siempre que dos o más comunidades de diferentes lenguas y tradiciones culturales comparten el mismo espacio. (Cosa que no hay que recordarles a los latinos en los Estados Unidos, quienes experimentan esto repetidamente, tanto en la sociedad en general como en la iglesia.) En Judea, quienes tienen las posiciones más importantes y respetadas son judíos «hebreos», mientras que a los judíos «griegos» en el mejor de los casos se les tolera, y frecuentemente se les ve con suspicacia y hasta con ira. Lo que es más, hay quien justifica esto con bases bíblicas (como en tiempos más recientes se pretende justificar la discriminación racial y cultural con bases bíblicas), pues el Antiguo Testamento dice repetidamente que cuando el pueblo no es fiel Dios le castiga entregándolo en manos de pueblos extranjeros. Ahora que Judea es parte del Impero Romano, lo más normal es pensar que esto se debe a que el pueblo no ha sido fiel. En tal caso, se busca a quien culpar por esa infidelidad, y resulta fácil convencerse de que quienes son menos fieles son precisamente estos judíos que no hablan el idioma del resto de Israel, y cuyas tradiciones y prácticas son también diferentes. Luego, en la sociedad de Judea los judíos «griegos» eran considerados judíos de segunda clase.

En la iglesia, desde el mismo día de Pentecostés, había creyentes de entre los «griegos». De hecho, la mayoría de los grupos que se mencionan en Pentecostés —los de las regiones de Ponto, Capadocia, Asia, etc.— son considerados «griegos».

Pero ahora, con el crecimiento de la iglesia, la distribución diaria que se hace para las viudas se vuelve más difícil, y es más fácil caer en la injusticia. Ahora comienza a haber «murmuración» —es decir, quejas— entre los griegos, de que sus viudas no son tan bien atendidas como lo son las viudas de los hebreos. Esto se comprende, pues quienes manejan los recursos recibidos para ayudar a los necesitados son los apóstoles. Aunque los apóstoles no son de Judea, sino de Galilea, y por tanto los judíos de Judea les desprecian, con todo y eso son «hebreos», pues se han criado en Tierra Santa y su lengua —aunque con un acento diferente— es la misma de los judíos de Jerusalén. Como hebreos que son, se les hace más fácil entender y responder a las necesidades de las viudas hebreas, a quienes entienden mejor. En consecuencia, la «murmuración» es contra los apóstoles y su administración.

Lo que los apóstoles deciden es crear una nueva estructura que se ocupe de la distribución a los necesitados. Es interesante notar que los apóstoles no confiesan su error —quizá, como sucede tan frecuentemente en los grupos dominantes, ni siquiera se percatan de que están cayendo en la injusticia. Pero en todo caso, en respuesta a las «murmuraciones», deciden que deben ser otros quienes se ocupen de la distribución. Por ello le sugieren a la congregación que nombre a «siete hombres de buen testimonio, llenos del Espíritu Santo y de sabiduría» (6.3) para que se encarguen del asunto.

El resto de la comunidad acepta esa propuesta, y siete resultan electos: «Esteban, ... Felipe, Prócoro, Nicanor, Timón, Parmenas y Nicolás, prosélito de Antioquía» (6.5). Respecto a esta lista, hay que señalar dos puntos importantes. El primero es que, aunque tradicionalmente se les ha dado a estos siete el título de «diáconos», y se habla de «la elección de los siete diáconos», el texto bíblico nunca les llama diáconos. Éste es uno de los muchos casos en que le atribuimos a la Biblia lo que no dice, sino lo que nos han dicho que dice.

Lo que sucede es que, al definir el trabajo de estos siete individuos, los apóstoles dicen que se han de ocupar del «servicio» a las mesas. Puesto que en griego «servicio» es *diakonía*, alguien empezó a llamar a estas personas «diáconos». Pero lo cierto es que los apóstoles hablan de dos «*diakonías*»: el servicio o *diakonía* de las mesas (del que estos siete se ocuparán) y el servicio o *diakonía* de la Palabra, que seguirá siendo responsabilidad de los apóstoles.

El segundo punto que merece especial atención es que todos los nombres de los siete que resultan electos son griegos. Quizá alguno de ellos sea un «hebreo» con nombre griego; pero los nombres mismos nos dan a entender que al menos la mayoría de ellos, y probablemente todos, pertenecen al grupo de los griegos, y no al de los hebreos. Lo que es más, el séptimo, Nicolás, ni siquiera es judío de nacimiento, sino que es un «prosélito de Antioquía» —es decir, un gentil que en Antioquía se convirtió al judaísmo. Estamos en una iglesia en la que es de suponerse que los «hebreos» son todavía la mayoría. Al menos, todos sus jefes, los apóstoles, son «hebreos». En esa iglesia hay quejas de que los «griegos» no son bien atendidos, y lo que la iglesia hace es poner todos sus recursos en manos de un grupo de griegos, para que sean ellos quienes los manejen y hagan justicia. ¡Esto dista mucho de lo que se hace hoy en la mayoría de las iglesias en que surgen problemas parecidos!

La predicación de Esteban

Tras un versículo en el que Lucas nos informa que la iglesia continuaba creciendo (6.7), la atención se centra en Esteban. Esteban es uno de los siete, electo, no para predicar, sino para administrar. Pero, como hemos señalado repetidamente, el libro de Hechos no quiere dar a entender que todo lo que los apóstoles hacían era perfecto, y que todas sus decisiones eran absolutamente sabias. En este caso, lo primero que se nos dice acerca de Esteban, quien se suponía que no predicase, es que comenzó a predicar. En el próximo capítulo veremos a este Esteban predicando el sermón más largo de todo el libro de Hechos, y sellando su predicación con su martirio. Y el capítulo después de ése, el 8, será otro de los siete, Felipe, quien ocupará el centro del escenario con su predicación y su testimonio.

Como antes sucedió con la predicación de los apóstoles, ahora también hay quienes se molestan por las enseñanzas de Esteban. Pero en este caso, quienes se molestan no son los jefes religiosos, los saduceos, sumos sacerdotes y otra gente prestigiosa, sino otros judíos «griegos». Lucas nos dice que quienes sobornaron testigos falsos para que acusaran a Esteban eran miembros «de la sinagoga llamada de "los libertos", y los de Cirene, de Alejandría, de Cilicia y de Asia» (6.9). Todas éstas son sinagogas de «griegos». Quienes más se molestan por la predicación de Esteban no son los «hebreos», sino otros «griegos» como Esteban.

Esto se comprende si nos detenemos a reflexionar sobre el modo en que las gentes se comportan en tales circunstancias. Los judíos «griegos» se ven constantemente relegados y despreciados. Muy difícil se les hace lograr cierta medida de aceptación en la sociedad que les rodea. Y ahora uno de entre ellos —un «griego» como ellos— se vuelve líder y predicador de esta nueva secta que ya ha provocado la ira del Concilio. En tales circunstancias, las actividades de Esteban bien pueden aumentar los recelos de los judíos «hebreos» contra los «griegos». Luego, no faltan entre los «griegos» quienes estén dispuestos a destruir a Esteban para proteger su propio prestigio —o el poco prestigio que, como «griegos», tienen en una sociedad dominada por los «hebreos».

En todo caso, estas personas conspiran contra Esteban, sobornando unos falsos testigos contra él. Entonces alborotan al pueblo. Es interesante notar que hasta este punto en la narración de Hechos hay un marcado contraste entre la actitud del pueblo y la actitud de sus jefes, los ancianos, sumos sacerdotes y otros miembros del Concilio hacia los cristianos. Es ahora que por primera vez la opinión del pueblo se une a la de la cúpula social. Así, Lucas nos dice que «alborotaron al pueblo, a los ancianos y a los escribas; y arremetiendo, lo arrebataron y trajeron al Concilio» (6.12). Éste es el mismo Concilio que poco antes no se atrevía a arrestar a Pedro y Juan en público, pues temía crear un motín, o que se les apedreara. Empero ahora, cuando se trata de un representante de una minoría despreciada, tanto el Concilio como el pueblo se muestran dispuestos a destruirle.

La acusación contra Esteban es doble. Los falsos testigos declaran que, según le han oído decir a Esteban, Jesús «[1] destruirá este lugar [el Templo] y [2] cambiará las costumbres que nos transmitió Moisés» (6.14). La acusación está hábilmente hecha, pues la primera despertaría la ira del partido de los saduceos, para quienes el Templo y los sacrificios que en él tenían lugar eran el centro de la vida religiosa; y la segunda disgustaría a los fariseos, para quienes las leyes dadas por Moisés eran el centro de la vida. (Lucas nos dice que el rostro de Esteban resplandecía como el de un ángel. Esto puede ser una referencia a Moisés, cuyo rostro también resplandecía al bajar de Sinaí [Ex 34.29-30].)

Cuando se le pregunta si las acusaciones contra él tienen base en la realidad, Esteban responde con un sermón que, como ya hemos dicho, es el más largo de todo el libro de Hechos (7.2-53) —y en realidad pudo haber sido más largo, pues al final quienes le escuchan no le permiten terminar, sino que enfurecidos le arrebatan y le apedrean.

El discurso de Esteban es una recapitulación de la historia de Israel. Pero es una recapitulación con un propósito: mostrar que

Jesús es la culminación de esa historia, y que quienes ahora se oponen a la predicación cristiana siguen al patrón de quienes antes se opusieron a la obra de Dios y a los líderes escogidos por Dios.

El discurso parece girar en torno a unos pocos personajes y acontecimientos que son cruciales para la historia de Israel: Abraham, José, Moisés y la construcción del Templo, todo dirigido hacia la persona de Jesús. Además, a través de todo el discurso aparecen repetidamente los temas de la peregrinación, la circuncisión, y la oposición a la voluntad de Dios por parte de algunos de entre el pueblo de Israel.

La sección acerca de Abraham (7.2-8) gira en torno a los temas de la peregrinación y la circuncisión. Esteban repite la historia del llamamiento de Abraham, cuando todavía estaba en Mesopotamia, a abandonar la tierra de sus padres y lanzarse a una larga peregrinación que le llevó primero a Harán y luego a la Tierra Prometida. Pero aun allí Abraham siguió siendo peregrino, pues Dios no le dio todavía posesión de la tierra. Dios sí le prometió que tendría descendencia, y que esa descendencia sería sometida a esclavitud por cuatrocientos años antes de su liberación. Todo esto lo selló Dios con el pacto de la circuncisión, que tanto Abraham como sus descendientes Isaac, Jacob y los doce patriarcas siguieron.

Esteban pasa entonces a la historia de José (7.9-16), quien fue vendido como esclavo por sus hermanos, quienes tenían celos de él. Aquí aparece el tema de la infidelidad por parte de algunos de los descendientes de Abraham, quienes aunque son herederos del pacto no se comportan como tales. Esta historia culmina también en una nueva peregrinación, pues ahora Jacob y sus hijos, invitados por José, van a vivir a Egipto.

Luego viene la historia de Moisés (7.17-46). Ésta es la porción más extensa de todo el discurso, pues Esteban cuenta partes de la vida y obra de Moisés bastante detalladamente, siempre con el objetivo de subrayar una vez más los temas del pueblo peregrino, de la oposición y falta de fe por parte de ese mismo pueblo, y de cómo a pesar de toda esa oposición, Dios estaba con Moisés y no con quienes se le oponían. Esteban recalca el hecho de que Moisés se crió en la corte de Egipto, y que aprendió toda la sabiduría de Egipto, de tal modo que de haberlo deseado, pudo haber sido un hombre poderoso en Egipto. Pero al llegar a los cuarenta años de edad comenzó a interesarse por su pueblo. En su discurso, Esteban subraya el modo en que los propios hijos de Israel obligaron a Moisés a huir cuando lo que él había hecho era defender a uno de los suyos. La razón para esto es que Esteban quiere recalcar el tema de cómo los líderes a quienes Dios ha escogido para su pueblo son repetidamente rechazados por el pueblo mismo. Por ello, el punto culminante de esta parte del discurso llega cuando Esteban dice: «A este Moisés, a quien habían rechazado, ... a éste envió Dios como gobernante y libertador» (7.35).

La historia de Moisés continúa entonces en el desierto, cuando «....nuestros padres no quisieron obedecer, sino que lo desecharon» (7.39). Allí hicieron el becerro de oro, cayendo en la idolatría. Empero, a la postre siguieron a Moisés, adorando en el Tabernáculo que Moisés había hecho construir, y que marchó con ellos a través del desierto y en la Tierra Prometida.

Esteban llega ahora a la historia de Salomón y el Templo. El modo en que cuenta la historia parece dar a entender que la construcción misma del Templo fue un acto de desobediencia, pues tras hablar del Tabernáculo en el desierto y exaltar su importancia dice: «Pero fue Salomón quien le edificó Casa, si bien el Altísimo no habita en templos hechos de mano, ...» (7.47). A esto añade una cita de Isaías 66.1-2, en la que Dios señala que el ser humano no puede construir casa digna de su habitación.

Al llegar Esteban a este punto, es de suponerse que ya quienes le escuchaban estaban molestos y hasta airados. A Esteban se le acusaba de hablar blasfemias en contra del Templo. Y ahora, aunque lo hiciera contando la historia de Israel y citando a uno de sus profetas, está claramente criticando la religión que se centra en el Templo. Si recordamos que buena parte de los presentes eran saduceos, para quienes el Templo era de tanta importancia, empezaremos a comprender la ira del Concilio.

Pero Esteban no se queda ahí. Ahora ataca de frente a quienes le escuchan: «¡Duros de cerviz! ¡Incircuncisos de corazón y de oídos! Vosotros resistís siempre al Espíritu Santo; como vuestros padres, así también vosotros. ¿A cuál de los profetas no persiguieron vuestros padres?» A lo que sigue el punto culminante: esos profetas «anunciaron de antemano la venida del Justo, a quien ahora vosotros habéis entregado y matado» (7.51-52).

La muerte de Esteban

El resultado de todo esto es la muerte de Esteban, el primer mártir cristiano. La ira del Concilio resulta evidente, al punto que les crujen los dientes. Esteban, empero, sigue su camino, declarando lo que para él sería palabra de esperanza y de seguridad, pero para quienes le escuchaban sería el colmo de la blasfemia: «Veo los cielos abiertos, y al Hijo del Hombre [es decir, a Jesús] que está sentado a la diestra de Dios» (7.56).

Es por esta razón que quienes le escuchan se tapan los oídos. En ese contexto, taparse los oídos no era, como hoy, el gesto de un muchacho malcriado, sino que era más bien una indicación de que lo que se estaba diciendo era blasfemia, y que por tanto no se debía escuchar.

Llevan entonces a Esteban fuera de la ciudad, donde le apedrean. Esteban muere de manera ejemplar, dando testimonio de Cristo, no sólo con sus palabras, sino también con su actitud. En cierto modo, sus palabras nos recuerdan las de Jesús en la cruz, pues primero dice: «Señor Jesús, recibe mi espíritu», y luego ora: «Señor, no les tomes en cuenta este pecado» (7.59).

Hacia el final de este pasaje, Lucas menciona por primera vez a «un joven que se llamaba Saulo» (7.58), a cuyos pies quienes matan a Esteban ponen sus ropas. Y nos dice que este joven «consentía» en su muerte (8.1). Más adelante nos enteraremos que Saulo era de Tarso, la capital de Cilicia. Si recordamos que los de la sinagoga de Cilicia se contaban entre los que conspiraron para darle muerte a Esteban, es de imaginar que Saulo siguió el proceso de cerca y que, si no se contaba entre los conjurados, al menos sabía de lo que se tramaba contra Esteban.

Se desata la persecución

Lucas nos dice que «en aquel día» hubo una gran persecución contra la iglesia. No está claro por qué, al tiempo que la iglesia se esparce por toda Judea y Samaria, los apóstoles pueden permanecer en Jerusalén. Muchos estudiosos de la Biblia sugieren que esto se explica porque esta persecución, surgida a raíz del testimonio y la muerte de Esteban, no era contra todos los cristianos, sino principalmente contra los «griegos» que se habían hecho cristianos. Recordemos que, como vimos más arriba, estos llamados «griegos» no lo eran en verdad, pues ése era el apelativo que se les daba a los judíos que se habían criado fuera de Palestina. Estos «griegos» estaban siempre bajo sospecha de no ser tan buenos judíos como los de Palestina —los «hebreos». Para ellos, el que algunos de entre los «griegos» haya abrazado al cristianismo resulta peligroso, pues bien se puede pensar que esto es prueba de que los «griegos» no son verdaderos y buenos judíos. Por ello, son los de las sinagogas de los «griegos» quienes traman la muerte de Esteban. Y ahora son ellos también quienes se dedican a perseguir a la iglesia, como prueba de que sí son buenos judíos, y que no se dejan llevar por ninguna nueva y extraña doctrina. Entre esos «griegos» está Saulo, natural de Tarso en Cilicia. De ser así, la persecución no es en realidad contra todos los creyentes, sino contra los que no son «hebreos». Puesto que los apóstoles son «hebreos», pueden permanecer en Palestina. Pero los demás, en su mayoría «griegos», tienen que huir.

A partir de este punto, Hechos le va a prestar menos atención a la iglesia en Jerusalén, y más a la iglesia que se va ahora esparciendo por otras regiones —en parte, al principio al menos, como resultado de la persecución.

El testimonio se expande

(Hechos 8.1–12.24)

Felipe en Samaria

En el capítulo anterior, Lucas mencionó a Saulo como uno de los que consentían en la muerte de Esteban. Empero, por lo pronto, no nos dice más acerca de Saulo. Su atención se dirige ahora hacia otro de los «siete», Felipe. El ministerio de Felipe va a ocupar todo el capítulo 8, y de él Lucas nos cuenta dos episodios: la obra de Felipe en Samaria, y su testimonio ante el eunuco etíope.

Al terminar la sección anterior, Lucas acaba de decirnos que a causa de la persecución la iglesia se esparció «por las tierras de Judea y de Samaria» (8.1). Ahora nos lleva a Samaria, donde uno de los «siete» que habían sido elegidos para administrar las mesas, y que aparentemente ha tenido que huir de Jerusalén a causa de la persecución, está predicando. Recordemos una vez más que según el plan de los apóstoles no se suponía que ni Esteban, ni Felipe, ni ningún otro de los «siete», predicase. La predicación les tocaba a los «doce», y la administración a los «siete». Pero, como en varios otros casos en el libro de Hechos, el Espíritu toma los planes de los apóstoles y los hace variar según sus propios designios.

Ahora, en Samaria, Felipe comienza a proclamar el Evangelio, tanto en palabra como en acción. Al igual que había sucedido antes en Jerusalén con los apóstoles, la predicación de Felipe va unida a una serie de «señales» o milagros. Aparentemente, esa predicación es bien recibida, pues Lucas declara que «había gran gozo en aquella ciudad» (8.8).

Empero ahora entra en escena un personaje interesante. Su nombre es Simón, y se dedicaba a la magia. Era famoso en toda la ciudad por las maravillas que hacía, y aparentemente le gustaba darse importancia, pues se hacía «pasar por alguien importante» (8.9). Según Lucas, en Samaria todos le prestaban atención a Simón, y hasta decían acerca de él: «Éste es el gran poder de Dios» (8.11).

Dado el hecho de que tanto Felipe como Simón hacían maravillas, pero las acompañaban de mensajes muy distintos, era de esperar que hubiese un serio conflicto entre ambos. Pero lo que sucede, al menos al principio, es todo lo contrario. Al escuchar la predicación de Felipe, Simón cree, se bautiza, y se dedica a seguir a Felipe y su mensaje.

Llega entonces a Jerusalén la noticia de lo que está sucediendo en Samaria, y los apóstoles envían a Pedro y a Juan. Lucas no nos dice si les envían sencillamente para confirmar la fe de los nuevos creyentes, o si les mandan más bien porque tienen sospechas o dudas acerca de lo que acontece en Samaria. Una vez llegados a Samaria, estos dos apóstoles oran pidiendo que los bautizados reciban el Espíritu Santo.

En este punto, Lucas nos ofrece una explicación que ha sido y sigue siendo debatida entre los intérpretes del texto. Según Lucas, «oraron por ellos para que recibieran el Espíritu Santo, pues aún no había descendido sobre ninguno de ellos, sino que solamente habían sido bautizados en el nombre de Jesús» (8.15-16). Tradicionalmente, y en particular en el catolicismo romano, esto se ha entendido como una alusión al sacramento de la confirmación. La confirmación es el acto en el cual se confirman los votos hechos en el bautismo de la persona —particularmente cuando esa persona fue bautizada en la infancia. La confirmación sella al creyente para Jesucristo. Según esta interpretación, lo que está sucediendo en este pasaje es que Felipe, por no ser apóstol, no tenía autoridad ni poder para confirmar, y por ello fue necesario que viniesen Pedro y Juan desde Judea. Y el argumento continúa diciendo que hasta el día de hoy el poder de confirmación reside en los obispos, quienes son los sucesores de los apóstoles. Puesto que el texto no dice una palabra acerca de con qué señales los que recibían el Espíritu Santo daban muestras de ello —no se habla de lenguas, ni de milagros, ni de visiones— se le puede interpretar como el inicio de un rito que la iglesia ha celebrado a través de los siglos.

Empero, hay también otra interpretación completamente diferente, según la cual lo que este pasaje indica es que hay dos bautismos: el bautismo en agua y el bautismo en el Espíritu Santo. En tal caso, lo que vemos en toda esta historia es que quienes antes habían sido bautizados en agua ahora reciben el bautismo del Espíritu Santo. En tal caso, se usa este pasaje para invitar a los creyentes a pedir el don del Espíritu. Pero lo que tal interpretación parece olvidar es que en este pasaje el don del Espíritu no viene de manera inesperada, ni a un grupo selecto de creyentes que oran con más fervor que los demás, sino a todos aquellos sobre quienes los apóstoles imponen las manos.

Por último, éste es uno de los principales pasajes que aducen quienes afirman que el bautismo ha de ser sólo en el nombre de Jesús, y no «del Padre, el Hijo y el Espíritu Santo». Según esta interpretación, este pasaje es prueba de que en la iglesia primitiva se acostumbraba bautizar sólo en el nombre de Jesús, y requiere que hoy los cristianos hagan lo mismo. Lo que esta interpretación omite es que el texto parece dar a entender que el bautismo que estas personas en Samaria habían recibido era deficiente, y que fue por esa razón que Pedro y Juan tuvieron que imponerles las manos a fin de que recibiesen el Espíritu.

Toda esta diversidad de interpretaciones y de aplicaciones nos recuerda lo que dijimos al principio de este libro: Hechos se puede leer de dos maneras. Se le puede leer como un libro de disciplina que nos dice cómo la iglesia ha de organizarse, cómo ha de adorar, cómo ha de bautizar, etc. O se le puede leer como la historia de cómo el Espíritu Santo va actuando en la Iglesia, unas veces corroborando lo que los cristianos hacen, y otras corrigiéndolo —como en el caso del propio Felipe, personaje central de todo este capítulo, quien según el designio de los apóstoles no debía estar predicando. El problema con las tres interpretaciones que acabamos de resumir es que todas ellas leen Hechos como un libro de disciplina, y buscan en él modos de justificar sus propias prácticas y creencias. Si, por otra parte, Hechos es más bien la historia de cómo el Espíritu va utilizando, corroborando y corrigiendo lo que hacen los apóstoles, cualquiera de las tres interpretaciones puede ser históricamente correcta, pero no nos obliga a seguir su patrón sencillamente porque así lo hicieron los apóstoles —como el caso de Matías no nos obliga a elegir nuestros pastores echando suertes.

Volviendo entonces a la narración, Simón, al ver que por la imposición de las manos de los apóstoles se recibe el Espíritu Santo, quiere comprar ese poder. Pedro le recrimina, «tu dinero perezca contigo» (8.20). Y en respuesta a ello, Simón, al parecer arrepentido, les pide a los apóstoles que oren por él.

Esto es todo lo que el texto dice acerca de Simón, a quien no se vuelve a mencionar en todo el Nuevo Testamento. Pero la historia no se ha olvidado de Simón. Ya en el siglo segundo, al explicar el origen de algunas doctrinas extrañas que se hacían pasar por cristianas, y a las que la mayoría de los cristianos llamaban «herejías», se decía que Simón Mago fue quien inventó al menos algunas de ellas. Esto es posible, aunque en realidad no hay modo de determinar la veracidad de tales datos.

La historia de Simón Mago no quedó olvidada. Cuando bastante más tarde (en la Edad Media) algunos introdujeron en la iglesia la práctica de comprar y vender cargos eclesiásticos, quienes criticaban esa práctica le dieron el nombre de «simonía». Al así llamarlas, se estaba diciendo que eran prácticas semejantes a la que Simón le propuso a Pedro, y que Pedro rechazó.

En todo caso, lo que no debemos olvidar es que el texto nunca dice que Simón haya sido hipócrita. Al contrario, Lucas da a entender que Simón estaba verdaderamente maravillado con lo que Felipe decía y hacía, y que al llegar los apóstoles su asombro fue aún mayor. El problema de Simón Mago no es su hipocresía, sino el hecho de que estaba tan acostumbrado al prestigio y al poder, que pensaba que debía tener el mismo prestigio y poder dentro de la iglesia. Las gentes decían que Simón era «el gran poder de Dios». Todos le respetaban y le escuchaban. Ahora que Simón ha aceptado la predicación de Felipe y se ha bautizado, su tendencia natural es querer tener el mismo poder y prestigio en su nueva comunidad de fe. Para alcanzarlo, pretende cambiar dinero —la señal y el resultado de su antiguo prestigio— por el don de los apóstoles de conferir el Espíritu. Su error está en no percatarse de que en la comunidad de fe la primacía no está en el poder, sino en el servicio; no en tener, sino en dar.

De ser así, es de suma importancia que la iglesia se cuide siempre de no caer en el error de Simón. Con demasiada frecuencia pensamos que el tener personas de prestigio en la sociedad le da prestigio a la iglesia. Entonces se les da a esas personas una importancia particular, como si fuesen algo más que nuestros hermanos y hermanas en Cristo. A través de los siglos, y hasta el día de hoy, la iglesia ha caído repetidamente en esta tentación. Cuando eran los reyes y la nobleza quienes gozaban de poder y prestigio, la iglesia frecuentemente les dio también autoridad sobre sus asuntos internos. Y hoy, hasta en algunas pequeñísimas iglesias en los lugares más apartados, existe siempre la tentación de pensar que la iglesia gana algo especial cuando se convierte alguna persona «especial».

Felipe y el etíope

Lucas nos cuenta entonces de otro episodio relacionado con Felipe. Puesto que no nos dice cuándo ocurrió, es imposible saberlo. El episodio aparece inmediatamente después del de Simón Mago, y por tanto lo más natural es pensar que tuvo lugar poco después. Pero también es posible que Lucas sencillamente haya unido las dos historias acerca de Felipe, no porque tuvieron lugar una tras otra sino porque las dos se refieren al ministerio de la misma persona. Más adelante (21.8), Lucas nos dirá que hacia el final de sus días Felipe residía en Cesarea. Puesto que esa ciudad estaba sobre el mar, y era el puerto que servía a Jerusalén, ir desde allí hasta Gaza es mucho más directo que ir desde Samaria, en cuyo caso habría que pasar por Judea. El hecho de que Lucas no dice que Felipe tomara el camino que va desde Samaria, sino el que va desde Jerusalén, lleva a algunos a pensar que este episodio tuvo lugar bastante más tarde que el de Samaria, cuando Felipe residía en Cesarea. La importancia de todo esto radica sencillamente en saber si el primer gentil convertido al cristianismo fue el eunuco etíope, o si fueron Cornelio y sus acompañantes, de quienes se trata en el capítulo 10. Es imposible saberlo.

La historia comienza cuando un ángel le da instrucciones a Felipe para que tome uno de los caminos que van de Jerusalén a Gaza. El que se le llame «ángel» no quiere decir necesariamente que se tratase de un ser alado y vestido de blanco, como frecuentemente se les pinta. Un «ángel» es sencillamente un mensajero de Dios.

En ese camino, Felipe se encuentra con un eunuco, es decir, un hombre que había sido castrado de niño. En la antigüedad, a veces se castraba a los esclavos con el propósito de hacerlos más dóciles. Frecuentemente, estos esclavos castrados llegaban a ser consejeros y ministros de los poderosos, entre otras razones, porque no tenían descendencia cuyo futuro les preocupara, y por ello podían ser absolutamente fieles a sus jefes. Esto llegó a tal punto, que en ocasiones se usaba la palabra «eunuco» para referirse a un ministro de confianza de algún rey o potentado. En el caso de la persona con quien Felipe se encuentra, el texto dice que era «eunuco, funcionario», con lo cual se da a entender que, además de funcionario de la Reina, era físicamente eunuco —pues si no una de las dos palabras sobraría. Este eunuco era persona importante en el reino de Etiopía —que entonces correspondía, no a lo que hoy se llama Etiopía, sino más bien al Sudán moderno. Al parecer, era el tesorero del reino.

Lucas nos dice que la reina a la cual este eunuco servía era «Candace». Al parecer, ése no era su nombre propio, sino el nombre que se les daba a todas las reinas en ese país —de manera semejante como al rey de Egipto se le llamaba «Faraón», sin importar cuál fuese su nombre.

Pues bien, este eunuco, tesorero del reino de Etiopía, había venido a Jerusalén para «adorar» (8.27). Esto requiere explicación. ¿Cómo es eso de que desde tan lejos venga un gentil a adorar en Jerusalén? Lo que sucede es que en ese tiempo había muchas personas que se sentían atraídas hacia el judaísmo y que, como los judíos, creían en la existencia de un solo Dios quien dio la Ley en el Sinaí. Algunas de esas personas se hacían judías mediante un rito bautismal, y se les llamaba «prosélitos». Pero algunas otras no se hacían judías, en la mayoría de los casos porque no querían, y a veces porque no podían. Frecuentemente los judíos mismos se referían a tales personas como «temerosas de Dios», de manera muy parecida a como hoy en algunas iglesias se habla de «simpatizantes». Y, así como las razones por las que tales simpatizantes no se hacen miembros varían, así también había diversas razones por las cuales los «temerosos de Dios» no se hacían «prosélitos». La más común era que muchos temerosos de Dios, al tiempo que aceptaban el monoteísmo judío y sus leyes morales, no querían sujetarse a sus leyes respecto a la comida o a la circuncisión. Pero había también algunos temerosos de Dios que no se hacían prosélitos —no se convertían oficialmente al judaísmo— porque el judaísmo mismo no se lo permitía.

Tal parece haber sido el caso de este eunuco. Hay noticias de que desde fecha antiquísima hubo judíos en el sur de Egipto y en Etiopía. Luego, este eunuco ha tenido oportunidad de aprender acerca del judaísmo, sus doctrinas y sus leyes. Está tan interesado en el judaísmo, y hasta convencido de él, que va hasta Jerusalén para adorar, y ahora que va de regreso se dedica a leer al profeta Isaías. Pero con todo y eso, aunque quiera, no puede hacerse judío, porque la Ley prohíbe que un eunuco sea añadido al pueblo de Dios (Dt 23.1).

Podemos imaginar el dolor y la frustración de este hombre. En Jerusalén, donde ha ido a adorar, no le permitirían pasar más allá del «patio de los gentiles». Al parecer, con todo y eso, no está dispuesto a desechar la fe de Israel y va de regreso a su tierra leyendo el libro del profeta Isaías. Puesto que en la antigüedad eran contadísimas las personas que leían en voz baja, o bien va leyendo en voz alta, o bien tiene un sirviente que le acompaña en el carruaje y le va leyendo las palabras del profeta.

Es entonces que Felipe se le acerca y le pregunta si entiende lo que está leyendo. Con saludable humildad, el eunuco le contesta que no tiene quien se lo explique. Entonces, por invitación del eunuco, Felipe sube al carro y le acompaña, al tiempo que le va explicando el Evangelio «comenzando desde esta escritura» (8.35).

No hay que imaginar que todo fue cuestión de unos minutos. Estas palabras que podemos leer en menos de un minuto se refieren al menos a varias horas, y posiblemente a varios días, pues el camino que el eunuco tenía que recorrer era largo. Sea como fuere el caso, el hecho es que Felipe le explica al eunuco acerca del Evangelio de Jesús. Ciertamente, le diría que en Jesús se cumplen las profecías de la antigüedad, que todo lo que los fieles de antaño esperaban se cumple ahora en Jesús.

El texto no da más detalles. Pero podemos imaginar el interés del eunuco. Según la Ley, le está prohibido incorporarse al pueblo de Dios. No puede ir más allá de ser «temeroso de Dios». Pero el mismo profeta Isaías, tres capítulos más adelante, promete que el día vendrá cuando el eunuco y el extranjero serán recibidos y bendecidos como los demás, de modo que el eunuco que sea fiel tendrá «lugar en mi casa y dentro de mis muros» (Is 56.3-5). Si en Jesús se cumplen las profecías, ¿se cumplirá también ésta? ¿Será que ahora, gracias a lo que Felipe le anuncia, le está abierto el camino para incorporarse al pueblo de Dios?

Si miramos las cosas de este modo, y tratamos de comprender el trasfondo tanto del eunuco como de Felipe, la pregunta, «¿qué impide que yo sea bautizado?» (8.36) es fundamental. Lo que el etíope está preguntando es si de veras las profecías se han cumplido, si de veras se ha cumplido ésta de que los eunucos podrán añadirse al pueblo de Dios, si de veras Felipe cree todo lo que le ha dicho. Para

Felipe, por otra parte, la pregunta también es fundamental, pues le coloca en la necesidad de decidir si de veras cree que en Jesús, al cumplirse las profecías, ha empezado un nuevo orden. El bautismo era el rito mediante el cual un «temeroso de Dios» se hacía prosélito y miembro del pueblo de Israel. Si Felipe bautiza al eunuco, estará faltando contra todas las leyes y prácticas tradicionales de Israel. Ya los judíos más tradicionales tienen bastante mala opinión de los cristianos. ¿Qué dirán al enterarse de que Felipe ha bautizado a un eunuco? Por otra parte, Felipe cree, y acaba por decirle al etíope, que en Jesús se cumplen las antiguas profecías, que en Jesús un nuevo orden ha comenzado.

La respuesta de Felipe, con todo y ser breve, es tajante. No le dice al eunuco que la Ley lo prohíbe. No le pone peros ni reparos. Sencillamente le dice, «Si crees de todo corazón, bien puedes» (8.37). El eunuco confiesa su fe: «creo que Jesucristo es el Hijo de Dios» (8.37). Y Felipe le bautiza sin más.

Inmediatamente, Felipe desaparece ante los ojos del eunuco, y es transportado a la lejana Azoto, donde comenzaba el camino de Gaza —es decir, que Felipe ya ha cumplido su misión en ese camino y ahora puede regresar a casa. En el camino de regreso, va anunciando el Evangelio en todas las ciudades. Puesto que Lucas nos dice que hizo esto «hasta llegar a Cesarea» (8.40), esto parece indicar que fue de Cesarea que salió hacia Gaza, y que por tanto, como sugerimos antes, estos acontecimientos no tuvieron lugar inmediatamente después de lo que se nos cuenta en la primera parte del capítulo, acerca del ministerio de Felipe en Samaria.

En cuanto al eunuco, el texto nos dice que «siguió gozoso su camino» (8.39). Tampoco la historia nos dice más acerca del eunuco, aunque cuando algunos siglos más tarde Etiopía vino a ser un reino cristiano se contaba entre los creyentes etíopes que el primer cristiano del país fue este eunuco.

Una vez más vemos al Espíritu llevando a la iglesia a tomar decisiones difíciles y atrevidas. (No olvidemos que Felipe estaba en aquel camino hacia Gaza por dirección divina. No estaba allí por casualidad, sino porque Dios le puso allí.) Lo más fácil hubiera sino para Felipe negarse a bautizar al eunuco, diciendo sencillamente que la Ley lo prohibía. Pero en tal caso estaría negando todo lo que le acaba de decir al etíope mismo. El Espíritu no siempre lleva a la iglesia a «portarse bien», a seguir las reglas, a velar por su propia tranquilidad y prestigio. El Espíritu frecuentemente llama a la iglesia a nuevas formas de obediencia, aun cuando esas nuevas formas impliquen riesgos y críticas. Algo parecido veremos en los capítulos 10 y 11, al tratar del episodio comúnmente llamado «la conversión de Cornelio».

La conversión de Saulo

Llegamos ahora a lo que es con toda probabilidad el episodio más ampliamente conocido de todos los que cuenta Hechos: la conversión de Saulo. Ya Lucas nos presentó a Saulo en el capítulo 7, como uno de los que observaba el martirio de Esteban, y como el azote de la iglesia que iba de casa en casa haciendo encarcelar a los creyentes. Ahora nos va a hablar del cambio radical que tuvo lugar en su vida. Más adelante, Lucas enfocará la atención sobre este Saulo, a tal punto que bien puede decirse que en la segunda mitad de Hechos Lucas prácticamente se desentiende de los doce apóstoles —y hasta de Pedro y Juan, que hasta aquí han sido personajes importantes en la narración— para dedicarse a contarnos acerca del ministerio de Saulo.

Una de las razones por las que este episodio en la vida de la iglesia es tan conocido es que Lucas lo cuenta tres veces: Hechos 9.9-19; Hechos 22.4-16 y Hechos 26.12-18. El propio Pablo se refiere a él en Gálatas 1.13-16. Cada uno de estos pasajes nos dice algo acerca de la conversión de Saulo que los otros no dicen, y por tanto la historia de esa conversión, tal como normalmente se relata, es en realidad una combinación de todo lo que esos diversos pasajes dicen. La historia, con todo y ser dramática, es sencilla: Saulo va camino a Damasco para perseguir a los cristianos cuando tiene un encuentro con el Señor, y a partir de ese encuentro toda su actitud y su fe cambian.

Por otra parte, como a veces sucede con pasajes bíblicos que nos son muy conocidos, mucho de lo que se dice acerca de la conversión de Saulo no tiene fundamento alguno en el texto bíblico. (Esto es lo mismo que hacemos con la historia de los magos que vinieron a adorar a Jesús, de quienes la Biblia no dice ni que fueran reyes, ni que fueran tres; pero con todo y eso siempre pensamos en los «tres reyes magos».) En ese sentido, lo primero que hay que aclarar es que la Biblia no dice en ninguna parte que Saulo se cayera de su caballo, como frecuentemente se le pinta en el arte o se le describe en sermones. En esa época, eran pocas las personas que viajaban a caballo. Eran principalmente los oficiales del ejército romano, y algunas otras personas importantes que llevaban prisa, quienes viajaban a caballo. Los más pudientes iban en carroza, como el eunuco etíope del capítulo 8. Pero lo normal era viajar a pie. Puesto que entre Jerusalén y Damasco había unos 250 kilómetros de distancia, quizá Saulo fuese a caballo; pero probablemente no. Lo que es más, la historia misma parece indicar que iba a pie, pues al quedar ciego le llevan «de la mano» (9.8), mientras que de haber estado a caballo le hubiesen llevado de la brida.

En segundo lugar, no hay que pensar que los que iban con él llevaban el mismo encargo, o que Saulo fuese su jefe. En ese tiempo, debido a los muchos peligros del camino, y especialmente para protegerse de los asaltantes, los viajeros se juntaban en grupos.

Pero posiblemente lo que con más frecuencia escuchamos que no es lo correcto, es que como resultado de su conversión Saulo se volvió Pablo. A veces hasta se usa ese cambio de nombre para indicar cuán profundo es el cambio que la conversión trae en el individuo. Pero lo cierto es que Pablo no cambió de nombre al momento de su conversión. Todo lo que tenemos que hacer para cerciorarnos de ello es continuar leyendo la historia. Lucas nos dice que Saulo fue a Damasco; que allí Ananías vino a ver a Saulo; que después Bernabé ayudó a Saulo a establecer contacto con los apóstoles; que Saulo fue a Cilicia por algún tiempo; que Saulo era uno de los líderes de la iglesia en Antioquía; que el Espíritu Santo pidió que se le apartara a Saulo para una obra especial; y que Bernabé y Saulo salieron juntos en un viaje misionero. En todos estos casos, Lucas le llama «Saulo». ¡El nombre de «Pablo» no aparece sino en el capítulo 13, y no tiene nada que ver con su experiencia en el camino a Damasco!

Lo que sucede es que en ese tiempo muchas personas tenían más de un nombre —es decir, tenían más de un nombre aparte de lo que hoy llamamos apellidos. Esto se debía a que los romanos habían establecido su imperio sobre una multitud de naciones y de culturas diferentes. Aún después de la conquista romana, la mayor parte de los nativos de cualquier región seguía usando los nombres tradicionales de su cultura y de su lengua. Pero quienes tenían contactos fuera de esa cultura nativa frecuentemente tomaban también un nombre romano, y utilizaban ese nombre en sus contactos interculturales. El caso de Pablo es semejante al de Silas, que en Hechos se llama «Silas», pero en las epístolas se llama «Silvano». ¿Por qué?, porque este individuo tenía su nombre tradicional, Silas, y otro nombre romano, parecido al tradicional, es decir, Silvano. El nombre judío del apóstol era Saulo. Ésta era la versión aramea del hebreo «Saúl», nombre del único rey procedente de la tribu de Benjamín. Puesto que Pablo era miembro de esa tribu, resulta natural el que sus padres le diesen el nombre del gran héroe de la tribu. Pero este Saulo había vivido en Tarso y —al igual que Silas / Silvano— era ciudadano romano. Luego, para sus relaciones fuera de la comunidad judía utilizaba un nombre parecido a Saulo, es decir, Pablo.

Lo que sucede en Hechos es que Lucas se refiere a nuestro personaje como «Saulo» hasta que comienza la misión a los gentiles, en el capítulo 12. A partir de entonces le llama «Pablo», no porque ése sea su nombre después de su conversión, sino porque ése es su nombre misionero.

Volviendo al texto de Hechos, aunque la conversión de Saulo es repentina, su llamado a la misión no lo es. Ya Dios le ha hecho «instrumento escogido» (9.15); y así se lo dice a Ananías, pero no a Saulo. Lo que de momento le sucede a Saulo es que queda ciego, y solamente se le dice que continúe su camino a Damasco. Allí,

Dios le dice a otro discípulo, Ananías, que vaya a ver a Saulo. Al principio Ananías se niega, pues Saulo tiene fama de enemigo de los creyentes. Pero Dios insiste, le dice a Ananías algo de lo que tiene reservado para el ministerio de Saulo, y le envía a la casa donde Saulo está.

De paso, hay que señalar las características del ministerio que Dios le tiene preparado. Ese ministerio incluye, por una parte, «llevar mi nombre en presencia de los gentiles, de reyes y de los hijos de Israel» (9.15). Pero también incluye un lado que podríamos llamar negativo, pues el Señor añade, «yo le mostraré cuánto le es necesario padecer por mi nombre» (9.16). A los cristianos nos gusta mucho hablar de que estamos «en victoria», y a veces llegamos a pronunciarnos en tonos triunfalistas. Pero la cuestión no es tan fácil. La obediencia bien puede incluir hablar ante reyes y emperadores; pero también puede incluir sufrir por el nombre del Señor.

Cuando Ananías le visita, Saulo recupera la vista, y pasa entonces «algunos días con los discípulos que estaban en Damasco» (9.19). Cuántos hayan sido esos «algunos días», es difícil saber. Pero el hecho de que en el próximo versículo le vemos predicando en las sinagogas nos da a entender que estuvo por lo menos el tiempo suficiente para aprender bastante acerca del mensaje cristiano.

La predicación de Saulo en las sinagogas de Damasco de tal modo enardeció a los miembros de esas sinagogas, que decidieron matarlo. Pero de algún modo Saulo se enteró. Para que no pudiese escapar, sus enemigos se pusieron de guardia en las puertas de la ciudad. (Damasco, como todas la ciudades de entonces, estaba rodeada por una muralla.) Pero los hermanos de la iglesia le colocaron en una canasta y le descolgaron por encima de la muralla.

Saulo y los apóstoles

Tras huir de Damasco, Saulo va a Jerusalén, donde intenta establecer contacto con los discípulos. Pero tal cosa no era fácil, pues Saulo tenía fama de haber perseguido a la iglesia, y posiblemente los discípulos temían que su supuesta conversión no fuese sino un ardid para atraparlos. Por fin, quien logra que Saulo establezca contacto con los apóstoles, llevándole a ellos, es Bernabé —el mismo que antes vendió una propiedad y colocó todo el producto de la venta a los pies de los apóstoles. Los apóstoles le aceptan, y Saulo se vuelve campeón del cristianismo, particularmente entre los judíos «griegos» (9.29). Como explicamos al tratar el capítulo 6, estos «griegos» no lo eran en el sentido de ser naturales de Grecia, o de ser gentiles, sino que eran judíos que, por haber vivido en la Diáspora o Dispersión, tenían lengua y cultura helenistas. Saulo mismo era uno de ellos, y por eso discutía particularmente con ellos. Empero, como en el anterior caso de los «siete» —particularmente el caso de Esteban— los judíos «griegos» no pueden tolerar el que uno de entre ellos haya abrazado el cristianismo, y deciden matar a Saulo. Ante tal amenaza, Saulo huye una vez más con la ayuda de los hermanos. Va primero a Cesarea, puerto de mar cerca de Jerusalén, y de allí a Tarso, donde aparentemente tiene relaciones y contactos.

La iglesia en Tierra Santa

Aquí Lucas deja la historia de Saulo por un momento, para volver a la vida de la iglesia en Tierra Santa. En ese sentido, nos dice que «las iglesias tenían paz por toda Judea, Galilea y Samaria» (9.31). La fecha y circunstancias exactas de este período de paz no están del todo claras. Algunos eruditos piensan que la razón por la que amainó la persecución contra los cristianos por parte de los judíos más tradicionales era que éstos estaban enfrascados en un difícil conflicto con el emperador Calígula. Engreído y con ínfulas de dios, Calígula pensaba que en el Templo de Jerusalén debía haber una estatua suya. Preocupados por el peligro de tal profanación, los judíos no tendrían tiempo ni oportunidad de ocuparse mucho de esa pequeña secta que había surgido entre ellos —el cristianismo.

Dos milagros

Lo que resta del capítulo 9, así como todos los capítulos 10 y 11, los va a dedicar Lucas a la misión de la iglesia en Jerusalén, y particularmente de Pedro. Aunque casi todo el resto del libro se dedicará a la obra de Pablo, sería errado pensar que fue él el único que se ocupó de anunciar la fe. Otros cristianos de la iglesia en Jerusalén, y muy especialmente Pedro, hicieron obra paralela — aunque Lucas no nos va a decir mucho más acerca de ella después del capítulo 11.

Aquí, al final del capítulo 9, Hechos nos cuenta dos milagros que tuvieron lugar en el contexto del ministerio de Pedro. Uno es la sanidad de Eneas, y el otro es la resurrección de Dorcas. Al contar estos dos milagros uno tras otro, Lucas vuelve a un patrón que algunos han notado en su Evangelio, donde muchas historias y parábolas parecen presentarse en parejas, de modo que, mientras una se refiere a un hombre, la otra se refiere a una mujer. Ejemplos de ellos son, ya al principio del Evangelio de Lucas, las historias de Ana y Simeón, quienes profetizan acerca de Jesús. De igual modo, al contar las parábolas de Jesús, Lucas frecuentemente las organiza por parejas: un hombre pierde una oveja, y una mujer pierde una moneda; un hombre siembra una semilla, y una mujer esconde un poco de levadura. Aquí, es primero un hombre, Eneas, quien es sanado; y acto seguido Lucas nos cuenta de la resurrección de una mujer, Dorcas.

Aparentemente aprovechando la paz de que la iglesia gozó por algún tiempo, Pedro sale por la región de Judea. Allí le vemos primero en la ciudad de Lida, donde conoce a Eneas, un paralítico que llevaba ocho años en la cama. (O quizás más, pues la frase que en nuestras Biblias se traduce en el sentido de que tenía ocho años de paralítico también puede querer decir que era paralítico desde los ocho años de edad.) Sin que Lucas nos dé más detalles, Pedro sana al paralítico, lo cual redunda en un gran crecimiento de la iglesia en toda la región de Lida y Sarón. Puesto que Sarón es una vasta llanura que se extiende varios kilómetros de norte a sur,

Lucas nos da a entender que el milagro fue notorio en una vasta región.

Acto seguido, Lucas nos cuenta de la resurrección de Dorcas. No nos dice exactamente cuándo fue que esto aconteció; pero es de suponerse que fue poco después del milagro de Eneas, probablemente en la misma gira de Pedro por Judea, pues Pedro está en Lida, donde antes sanó a Eneas, cuando le mandan a buscar desde Jope, donde vive Dorcas. Jope, ciudad que hoy se llama Jaifa, queda a unos pocos kilómetros de Jerusalén. En Jope vive una mujer creyente, conocida por sus buenas obras y limosnas. Su nombre arameo es Tabita —nombre que Lucas nos explica diciendo que en griego es Dorcas, que en español quiere decir «gacela». Dorcas ha muerto, y los discípulos del lugar se disponen a sepultarla; pero antes de hacerlo mandan a buscar a Pedro, quien se encuentra en la cercana Lida —y cuya fama por la curación de Eneas les habría llegado a los creyentes en Jope. No está claro si quieren que Pedro venga para que resucite a Dorcas, o sencillamente para que les acompañe en su dolor. Ese dolor es profundo, pues Dorcas se ha ganado el cariño de muchas personas. Entre ellas se cuentan varias viudas. Como ya hemos visto, frecuentemente las viudas vivían en extrema necesidad. Es por esto que ahora estas viudas le muestran a Pedro algunas de las ropas que Dorcas les ha hecho, con lo cual dan testimonio del carácter caritativo de la difunta, así como del cariño que le tienen.

Pedro entra al cuarto donde está el cadáver, les pide a todos que salgan, ora por la difunta, y ésta resucita. Una vez más, la fama de este milagro se esparce por toda la región.

Lucas establece entonces el escenario para el próximo capítulo, que será uno de los más importantes en toda la historia que nos narra, pues se refiere al modo en que los discípulos descubren que su fe no es sólo para los hijos de Israel, sino también para los gentiles. Como introducción al capítulo 10, Lucas nos dice entonces que, tras la resurrección de Dorcas, «Pedro se quedó muchos días en Jope en case de Simón, curtidor» (9.42). Esto bien podría sorprender a cualquier lector judío o conocedor de las costumbres judías, pues la labor de curtir pieles se consideraba inmunda, porque los curtidores naturalmente tenían que trabajar con animales muertos. Luego, al decirnos que Pedro está morando en casa de un curtidor, Lucas nos está dando lo que bien puede ser un anticipo de lo que vamos a ver en el capítulo 10.

Dos visiones

Sin explicarnos por qué, Lucas nos lleva ahora a Cesarea. Más adelante se verá la conexión entre lo que Lucas nos cuenta aquí y el punto en que nos dejó al final del capítulo anterior.

Cesarea era un puerto de mar —el puerto que más fácil y directamente comunicaba a Jerusalén con el Mediterráneo. Su nombre mismo, «Cesarea», indica que fue fundada en honor de Augusto César. Luego, aunque estaba en Palestina, era una ciudad típicamente romana. En ella, como en toda ciudad romana, abundaban los templos paganos. Por ello, los buenos judíos evitaban ir a ella; y cuando lo hacían, buscaban el modo de que sus visitas fuesen breves.

Allí en Cesarea mora cierto Cornelio, centurión romano. Un centurión es un oficial que está al mando de unos cien soldados, y es por tanto un oficial de rango moderado. Este centurión al que Lucas se refiere, Cornelio, es «piadoso y temeroso de Dios» (10.2). Como vimos al estudiar la historia del eunuco etíope, un «temeroso de Dios» era una persona que simpatizaba con la fe de Israel, y hasta creía en ella y en sus principios morales, pero no se había convertido oficialmente al judaísmo —no se había hecho «prosélito». En la mayoría de los casos, esto se debía a que tales «temerosos de Dios» no estaban dispuestos a seguir las leyes dietéticas de los judíos, a circuncidarse y a abstenerse de todo contacto con cualquier cosa que pudiese ser «inmunda» según la ley de Israel.

Pues bien, este Cornelio es temeroso de Dios. Y lo es a tal punto que en esto le sigue «toda su casa» —lo cual en aquel tiempo quería decir, no sólo sus familiares, sino todos sus allegados, siervos, y cualquier otra persona que dependiese del jefe de familia. Además, vivía su fe haciendo limosnas y orando a Dios.

Ahora Cornelio tiene una visión. Lucas se esfuerza en mostrarnos que esta visión no tiene nada de dudoso, borroso o difícil de entender. Cornelio ve «claramente» un ángel que viene y le dice que «tus oraciones y tus limosnas han subido para memoria ante Dios» (10.4). Esto aparentemente se refiere a sus oraciones que expresaban la frustración natural de todo «temeroso de Dios», de ser parte sólo a medias del pueblo de Dios. Ahora el ángel le anuncia que hay respuesta a sus oraciones, y le dice cómo adquirirla. Para ello, tiene que hacer venir a su casa «a Simón, el que tiene por sobrenombre Pedro» (10.5). E inmediatamente le da a Cornelio instrucciones detalladas sobre dónde puede encontrar a este Pedro. No le dice solamente que Pedro está en Jope, sino mucho más: «Éste se hospeda en casa de cierto Simón, un curtidor que tiene su casa junto al mar» (10.6).

Siguiendo estas instrucciones bastante detalladas, Cornelio llama a tres de los suyos —dos criados y un soldado—, les cuenta de su visión, y les manda a Jope con las instrucciones que el ángel le dio anteriormente.

Pero el viaje es largo, y los tres enviados de Cornelio van todavía de camino al día siguiente cuando Pedro tiene también una visión. En contraste con la visión de Cornelio, la de Pedro es confusa. Está en la azotea de la casa de Simón. Son las doce del día. (Podemos imaginarnos que el sol le quema.) Tiene hambre. Y en medio de esa situación le sobreviene un éxtasis. Ve entonces «algo semejante a un lienzo» (10.11) que desciende del cielo, atado por las cuatro esquinas. La palabra que nuestra Biblia traduce como «algo» se usa cuando no se sabe exactamente cómo describir de lo que se trata. Es como decir que Pedro vio «una cosa» descender del cielo. En ese lienzo o cosa había «de todos los cuadrúpedos terrestres, reptiles y aves del cielo» (10.12). Pedro escucha entonces una voz que le ordena que mate y coma. Pero Pedro es buen judío, y se niega a obedecer diciendo que nunca ha comido cosa impura alguna. (Recuérdese que según la ley de Israel muchos animales son inmundos y no han de comerse. Con razón Pedro se horroriza ante este llamado a comer, pues es de suponerse que la visión incluye cerdos, serpientes, etc.) La voz insiste, y al mismo tiempo le recrimina: «Lo que Dios limpió, no lo llames tú común» (10.15). Tras repetir este mensaje tres veces, cada una con la misma negativa por parte de Pedro, el lienzo retorna al cielo.

En contraste con la visión de Cornelio, que le dijo claramente lo que tenía que hacer, la visión de Pedro le deja perplejo. ¿Qué sentido podrá tener? ¿Será sencillamente resultado del hambre que Pedro tiene, y del calor del sol? ¿Querrá Dios que Pedro se desentienda de las leyes dietéticas que le han guiado toda su vida?

Por fin Pedro recibe un mandato claro del Espíritu, quien le dice: «Tres hombres te buscan. Levántate, pues, desciende y no dudes de ir con ellos, porque yo les he enviado» (10.19). Luego, lo único que Pedro tiene claro después de su visión es que ha de ir con los enviados de Cornelio, quienes han llegado mientras Pedro estaba todavía en la azotea. Éstos le explican quiénes son, y le cuentan de la visión de Cornelio y las instrucciones que traen.

Los enviados pasan la noche con Pedro en casa de Simón, y al día siguiente regresan a casa de Cornelio, llevando consigo no sólo a Pedro, sino también a algunos de los creyentes de Jope (más adelante, en 11.12, Lucas nos dirá que estos creyentes que acompañaron a Pedro eran seis).

La entrevista

Un día más tarde Pedro y todos sus acompañantes llegan a Cesarea, donde Cornelio les espera con tal ansiedad que ha invitado a sus parientes y amigos. Como es costumbre de los paganos al recibir un huésped distinguido, Cornelio sale a recibir a Pedro y, como dice Lucas, «le adoró» (10.25). Éste era un gesto, normalmente ponerse de rodillas, mediante el cual uno se ponía a las órdenes del visitante. Pero Pedro no quiere que le adoren. Como buen judío, todo lo que pueda oler a idolatría le molesta. Por ello le dice a Cornelio: «Levántate, pues yo mismo también soy hombre» (10.26).

Desde el punto de vista de las buenas relaciones y de la diplomacia, las cosas no van muy bien. Pedro no sólo recrimina a Cornelio por su acto de sumisión, sino que ahora empieza explicándoles a sus oyentes que para un judío juntarse o acercarse a gente como ellos «es abominable». Pero añade que Dios mismo le ha dicho que no ha de llamar impuro a nadie. Aquí parece que Pedro va empezando a comprender el sentido de la visión que tuvo unos días antes en Jope. Lo de no llamar inmundo o impuro a lo que Dios ha limpiado no se refiere en realidad a la comida, sino que se refiere a las gentes. Este Cornelio y sus acompañantes, aunque sean impuros desde el punto de vista de un judío tradicional —aunque unos días antes lo hubiesen sido para el mismo Pedro— no son impuros.

Empero, Pedro no se muestra muy entusiasta con el asunto, y por tanto pide que se le explique por qué la han mandado a buscar. En respuesta, Cornelio sencillamente le repite la historia de la visión que tuvo —historia que ya Pedro oyó antes de labios de los enviados de Cornelio— y le hace ver que él y sus acompañantes esperan a ver lo que Dios quiere decirles a través de Pedro: «todos nosotros estamos aquí en la presencia de Dios, para oír todo lo que Dios te ha mandado» (10.33).

Pedro responde diciendo que ahora comprende «que Dios no hace acepción de personas, sino que en toda nación se agrada del que le teme y hace justicia» (10.34). En otras palabras, Pedro ahora comprende el sentido de la visión confusa que tuvo unos días antes. Ya había empezado a comprenderlo antes, cuando les explicó a Cornelio y a sus acompañantes por qué estaba allí. Ahora lo comprende mejor. Pero todavía le espera una nueva sorpresa que le llevará a entenderlo todavía mejor. Pedro comienza a contarles a sus oyentes acerca de cómo Dios envió a Jesús, de la muerte y resurrección del Maestro, y de cómo él y otros han sido enviados para proclamar el Evangelio.

Pero Pedro no logra terminar su discurso. Dice Lucas que «mientras aún hablaba Pedro estas palabras, el Espíritu Santo cayó sobre todos los que oían el discurso» (10.44). Estos gentiles empezaron a glorificar a Dios y a hablar en lenguas, lo cual sorprendió en gran manera a los cristianos judíos que habían venido con Pedro —los que Lucas llama «de la circuncisión».

Pedro se plantea entonces una pregunta semejante a la que el etíope le hizo a Felipe. El etíope preguntó, «¿Qué impide que yo sea bautizado?» Y ahora Pedro se pregunta, «¿Puede acaso alguno impedir el agua, para que no sean bautizados estos que han recibido el Espíritu Santo lo mismo que nosotros?» Acto seguido, mandó que fuesen bautizados. Y entonces se quedó con ellos unos días —¡Él, quien poco antes les había recordado que no era lícito para un judío juntarse con gentiles!

Al leer todo este pasaje, podemos decir que se refiere, no solamente a la conversión de Cornelio, sino también a la conversión de Pedro. Cornelio se convierte de «temeroso de Dios» en cristiano. Pero Pedro se convierte de un cristianismo estrecho, limitado a los judíos y sujeto a todas las leyes de Israel, a un cristianismo que, sin dejar de ser judío ni de respetar las antiguas leyes dadas por Dios, está abierto a la recepción de gentiles en su seno. Al leer todo el pasaje, nos preguntamos si, al hospedarse en casa de un curtidor —un hombre cuyo oficio le hacía impuro— no se estaba preparando ya esta conversión de Pedro.

Una vez más, los protagonistas principales de Hechos no son los apóstoles. No lo es Pedro, ni tampoco Pablo. El protagonista principal es el Espíritu Santo, quien puede usar hasta a un centurión pagano para convertir a quien parece ser el jefe de los apóstoles. Una vez más, el Espíritu lleva a los apóstoles a donde jamás irían por sí mismos. Una vez más, el Espíritu abre camino hacia el futuro, mucho más allá de donde la visión de los apóstoles puede alcanzar.

La conversión de la iglesia de Jerusalén

Lo que Pedro había hecho era inaudito. Por ello, al llegarles noticia a los hermanos de Jerusalén, lo llaman y le piden cuentas. Recordemos que el propio Pedro, cuando tuvo la visión, al principio se negó a obedecer, y que después que el mandato se le repitió tres veces todavía no sabía qué hacer. Las leyes de no comer nada inmundo, y de no juntarse con gentiles, eran antiquísimas, y tenían el sello de la autoridad divina, pues era Dios quien las había establecido. Luego, para estos hermanos de Jerusalén, judíos que han aceptado el cristianismo, lo que Pedro ha hecho es un escándalo. El tono de la pregunta es fuerte: «¿Por qué has entrado en casa de hombres incircuncisos y has comido con ellos?» (11.3).

Pedro responde contándoles la historia toda de su visión, de la llegada de los tres mensajeros de Cornelio, de la visión de Cornelio, y de cómo el Espíritu Santo se derramó sobre Cornelio y sus acompañantes. En este resumen por parte de Pedro, se añaden unos pocos detalles que no aparecen en el capítulo 10. Es aquí que se nos dice que los cristianos de Jope que fueron a Cesarea con Pedro eran seis (11.12). Además, en este resumen Pedro interpreta la visión de Cornelio en términos de salvación —lo que no aparece en el capítulo 10, pero queda implícito. En el capítulo 10, el ángel le dice a Cornelio que Pedro «te dirá lo que es necesario que hagas» (10.6); aquí, Pedro dice que el ángel le dijo a Cornelio que Pedro le hablaría «palabras por las cuales serás salvo tú y toda tu casa» (11.14). Por último, aquí Pedro explica su decisión un poco más detalladamente que en el capítulo 10. Nos dice que, al ver a Cornelio y los suyos recibir el Espíritu Santo, recordó que Jesús había dicho: «Juan ciertamente bautizó en agua, pero vosotros seréis bautizados con el Espíritu Santo» (11.16, citando palabras de Jesús en 1.5). Esto le llevó a preguntarse, «¿quién era yo que pudiera estorbar a Dios?» (11.17).

Estas palabras de Pedro son interesantes, pues implican que, si el propio Pedro resiste los impulsos del Espíritu, estará estorbando a Dios. Esto no quiere decir que deba saltar al primer impulso. Al contrario, cuando Pedro tuvo la visión del lienzo con comidas inmundas se negó a aceptarla. La palabra «señor», que Pedro emplea para responderle a la voz, tiene dos usos, igual que en español: puede ser sencillamente un título de respeto, como cuando le respondemos a alguien «No, señor»; y puede ser un modo de dirigirse a Dios, como cuando decimos «Señor, concede...» Luego, cuando Pedro tuvo la visión, su respuesta fue de respeto, pero de negativa. Es sólo después, cuando primero la visión de Cornelio y luego la venida del Espíritu sobre estos gentiles confirman su visión, que Pedro parece reconocer que el «señor», a quien antes respondió negándose a hacer lo que se le mandaba, es el «Señor» a quien Pedro busca servir. Mientras no estuvo seguro de la visión, ni de quién era este «señor» que le mandaba comer, Pedro se negó. Pero ahora que sabe que se trata nada menos que del Señor Dios, sabe que si se niega a aceptar y seguir la visión estará estorbando a Dios.

Ésta es una cuestión a la que la iglesia tiene que enfrentarse repetidamente. Tenemos muchas visiones y sueños, frecuentemente contradictorios entre sí. Algunas de esas visiones requieren que hagamos cosas inauditas y quizá hasta escandalosas. Si sencillamente las seguimos, sin pensarlo más, posiblemente estemos siguiendo una falsa visión. Pero con todo y eso tenemos que estar dispuestos a seguirlas cuando nos son confirmadas. De otro modo, estaremos estorbando al mismo Dios.

Todo esto me recuerda un incidente que presencié cuando, hace varios años, tuve la oportunidad de participar de una reunión de obispos y otros líderes católicos romanos en América Latina. La conferencia discutió detalladamente las diversas crisis de la iglesia en el continente, y en particular la necesidad de ampliar la visión que se tiene del ministerio ordenado —incluso del celibato eclesiástico y de la ordenación de las mujeres. Por lo general, todas las discusiones terminaban en frustración, pues los obispos estaban convencidos de que las autoridades en Roma, y el Papa en particular, no darían los pasos necesarios para que la iglesia latinoamericana pudiese cumplir fielmente con su misión. Los representantes de Roma que estaban presentes ciertamente no se mostraban inclinados a considerar las recomendaciones que estos obispos hacían. La frustración llegó a tal punto, que un día en la misa, al llegar las oraciones de intercesión, uno de los obispos oró: «Señor, te pedimos que ilumines al Santo Padre en Roma, y a quienes le aconsejan, para que no sigan estorbando tu misión en

América Latina.» Si el propio Pedro temió estorbar a Dios, ¿cuánto más no han de temerlo los cristianos todos, desde el más humilde hasta el Papa mismo, que se dice sucesor de Pedro?

Volviendo al texto, vemos que al oír el testimonio de Pedro la iglesia toda reacciona positivamente: «¡De manera que también a los gentiles ha dado Dios arrepentimiento para vida!» (11.18). Esta iglesia, que al enterarse de lo que Pedro ha hecho le pide cuentas, al parecer bastante escandalizada, cuando por fin tiene pruebas de la inesperada acción de Dios descubre en ella dimensiones del Evangelio que no había sospechado antes.

Detengámonos por un momento a considerar la importancia de esta reacción por parte de la iglesia. Hasta ahora todos los cristianos son judíos que han aceptado a Jesús. (Excepto quizá el eunuco etíope. Pero ya hemos indicado que, aunque aparezca antes en Hechos, ese episodio no tiene que colocarse necesariamente antes de éste, pues es posible que Lucas lo haya puesto allí sencillamente porque está hablando del ministerio de Felipe. Y, aunque la conversión del etíope haya sido anterior a la de Cornelio, fue un caso aislado que no afectó mayormente a la iglesia, pues el eunuco siguió camino a Etiopía, y nada más se sabe de él.) Hasta este punto, los cristianos parecen pensar que su mensaje es solamente para el pueblo de Israel. Ciertamente, si Jesús es la culminación de las promesas hechas a Israel, entonces su mensaje ha de ser para los herederos de esa promesa.

Pero ahora esa visión cambia. Y cambia de manera drástica: «¡De manera que también a los gentiles ha dado Dios arrepentimiento para vida!» De igual modo que antes vimos que el episodio de la conversión de Cornelio es también en cierto modo la conversión de Pedro, ahora el testimonio de Pedro lleva a la conversión de toda la iglesia, que no es ya una secta dentro del judaísmo, sino portadora de un mensaje de salvación para todas las naciones. Y la iglesia descubre esto, no estudiando la Biblia, ni orando, ni reuniéndose para adorar, sino que lo descubre en la misión. Lo descubre cuando uno de los suyos se atreve ir a la inmunda y pagana Cesarea para testificarles a unos gentiles.

Esto se ha repetido a través de la historia. Una y otra vez, la iglesia ha descubierto nuevas dimensiones del Evangelio en el proceso mismo de testificar de él más allá de sus límites tradicionales. El testimonio en medio de la cultura grecorromana la llevó a descubrir algo de cómo Jesucristo había estado trabajando en esa cultura aun antes de la llegada de los cristianos. Su misión entre esclavos la llevó a la convicción de que la esclavitud es incompatible con el Evangelio. En resumen, que la historia de las misiones no es sólo la historia de la expansión del cristianismo, sino también la historia de sus repetidas conversiones, según va descubriendo nuevas dimensiones en el Evangelio eterno de Jesucristo. El resto del libro de Hechos nos dará más ejemplos de esto.

Si nos detenemos a pensar quiénes somos, veremos algo de la importancia de todo esto. La inmensa mayoría de nosotros no somos de descendencia judía, sino gentil. De no haber sido por aquella conversión de la iglesia a raíz de la misión de Pedro a Cornelio y los suyos, ninguno de nosotros estaría aquí, pues el cristianismo hubiera seguido siendo un mensaje de incumbencia exclusiva para los judíos. El mensaje que Pedro predicó hasta aquella conversión —incluso el mensaje que predicó en Pentecostés, inspirado por el Espíritu Santo— no se refería a esta dimensión del Evangelio. Pero cuando el tiempo apropiado llegó, el mensaje se amplió y cobró nuevos vuelos por obra del Espíritu Santo y en medio de la obra misionera de la iglesia.

¿Dónde nos estará invitando hoy el Espíritu Santo, no sólo para que llevemos allá la salvación, sino también para hacernos ver nuevas dimensiones del Evangelio?

Antioquía

En medio de toda esta sección, que trata mayormente acerca de la iglesia en Jerusalén y de su desarrollo tanto en número como en doctrina, Lucas introduce unos pocos versículos acerca de la iglesia en Antioquía. Tras decirnos algo acerca de esa iglesia, va a volver a Jerusalén. Pero por lo pronto nos cuenta los orígenes de aquella iglesia que va a ser el centro de su interés a partir del capítulo 13.

Antioquía era una ciudad importante, mucho más grande que Jerusalén, pues contaba aproximadamente con medio millón de habitantes, y en ese sentido era la tercera ciudad más grande del Imperio Romano —después de la misma Roma y de Alejandría. Había sido fundada poco más de trescientos años antes, cuando el imperio de Alejandro el Grande se desmembró a la muerte de ese gran conquistador. Uno de los generales de Alejandro quedó como gobernante de una vasta región que incluía a Siria y sus alrededores, y poco después se fundó la ciudad de Antioquía, que llevaba ese nombre en honor del general que había fundado la dinastía reinante.

En tiempos del Nuevo Testamento, Antioquía era la capital de Siria, que había venido a ser parte del Imperio Romano. Era una ciudad de gran intercambio cultural, pues en ella confluían elementos de la antigua civilización helenista con otros venidos de Roma, y hasta con algunos del Oriente, pues de Antioquía partían caravanas hacia esas tierras lejanas. Había también allí buen número de judíos. Dado el ambiente cosmopolita de la ciudad, los judíos antioqueños eran por lo general menos rígidos que los de Jerusalén —además de que eran sólo un grupo minoritario entre muchos otros.

Lucas nos dice que el cristianismo llegó a Antioquía por causa de la persecución que resultó en la muerte de Esteban. El lector o lectora recordará que a raíz del martirio de Esteban, buena parte de los cristianos de Jerusalén huyeron de la ciudad, y que fue en parte como resultado de la persecución que Felipe fue a Samaria. Pues bien, ahora Lucas nos informa que los que huyeron se refugiaron en Fenicia, Chipre y Antioquía. Fenicia era una estrecha franja de terreno que incluía ciudades importantes como Tiro y Sidón. En tiempos de Salomón, había abastecido a Israel con buena parte de los materiales así como del personal adiestrado necesario para construir el Templo. Desde entonces, el tráfico entre Judea y Fenicia había sido activo. Chipre es una isla que se encuentra al extremo oriental del Mediterráneo, cerca de Tierra Santa. Etimológicamente, su nombre indicaba que era importante productora de cobre. Más adelante veremos a Pablo y Bernabé visitarla en su primer viaje misionero. Al parecer, los primeros cristianos que llegaron a Antioquía debido a la persecución, así como los que fueron a Chipre y a Cirene, se limitaron a predicarles a otros judíos como ellos. (Cirene era una ciudad en la costa norte de África, bastante al oeste de Egipto.) Lucas nos dice que fueron a Fenicia, Chipre y Antioquía «sin hablar palabra a nadie, sino solo a los judíos» (11.19). Pero inmediatamente añade que al llegar a Antioquía algunos de los cristianos que venían de Chipre y de Cirene «hablaron también a los griegos, anunciando el evangelio del Señor Jesús» (11.20).

En este punto, la terminología puede confundirnos. Recuerde que al tratar sobre la distribución a las viudas (6.1-6) explicamos que entre los judíos de Palestina había dos grupos, uno llamado de los «hebreos», y el otro los «griegos». Como explicamos entonces, ambos grupos eran judíos. La diferencia estaba en que los «hebreos» eran gente de Palestina cuya lengua principal era el arameo, mientras los griegos eran judíos que se habían criado en la Dispersión (en tierras de paganos), quienes frecuentemente se comunicaban entre sí y con el resto del mundo en griego, y a quienes por tanto los judíos de Palestina llamaban «griegos». Ahora, en este capítulo 11, Lucas nos dice que estos creyentes que estaban esparcidos por todas esas tierras les predicaban sólo «a los judíos». Lo que puede ser confuso es que en este caso la categoría de «judíos» incluye tanto a judíos «hebreos» como a judíos «griegos». Predicarles a ambos grupos de judíos era algo que la iglesia había hecho desde el principio, y fue por eso que surgió el problema de cómo asegurarse de la justa distribución de recursos entre las viudas de ambos grupos (Hechos 6).

Ahora, sin embargo, Lucas nos dice que estos cristianos que llegaron a Antioquía procedentes de Chipre y de Cirene, hicieron algo nuevo: «hablaron también a los griegos, anunciando el evangelio de Jesús» 1.20). En este caso los «griegos» no son judíos de habla griega, sino verdaderos gentiles, probablemente muchos de ellos verdaderamente griegos, y en todo caso ninguno de ellos judío.

Otro modo de explicar esto es que para Lucas, como para buena parte de los judíos del siglo primero, la humanidad se divide entre judíos y gentiles. Estos últimos se conocen en conjunto como los «griegos». Pero también entre los judíos hay dos grupos: los judíos «hebreos» y los judíos «griegos».

Es de suponerse que, puesto que la iglesia desde sus mismos inicios les había predicado a los judíos «griegos», los esparcidos por la persecución siguieron haciéndolo en cada uno de los diversos lugares a que huyeron. Pero en Antioquía ocurrió algo nuevo. En Antioquía los creyentes empezaron a predicarles a los gentiles paganos —los que aquí se llaman «griegos».

Luego, según Hechos el paso monumental de la iglesia, de dejar de ser una pequeña secta judía y anunciarles su mensaje a los paganos, ocurre al menos en tres lugares, cada uno de ellos independiente de los demás. El primer ejemplo lo tenemos en la historia del encuentro entre Felipe y el etíope. El segundo caso lo acabamos de estudiar, pues es el de la conversión de Cornelio a través de su contacto con Pedro. El tercero, que empieza aquí al final del capítulo 12, es el gran movimiento misionero del cristianismo a partir de Antioquía. Lucas deja bien claro que esto se hizo con la aprobación divina, pues dice que «la mano del Señor estaba con ellos, y un gran número se convirtió al Señor» (11.21).

Una vez más, las noticias de lo acontecido llegan a Jerusalén, y los creyentes en esa ciudad envían a Bernabé a Antioquía en representación suya. Lucas no aclara si lo hacen porque tienen dudas o recelos y quieren asegurarse de lo que está sucediendo en Antioquía, o si lo hacen sencillamente para apoyar el trabajo de la iglesia en esa ciudad, que a fin de cuentas no era sino una expresión más de lo que ya la iglesia había descubierto en el caso de Esteban. Sea cual fuere el caso, Bernabé «se regocijó» al ver lo que ocurría en Antioquía. Lucas no dice que regresara a Jerusalén a rendir informe, sino que al parecer Bernabé se entusiasmó de tal modo con la iglesia en Antioquía, que permaneció allí, trabajando en esa iglesia.

Ahora Saulo vuele a entrar en escena. Bastante antes, lo habíamos dejado huyendo a Tarso. Ahora, tras trabajar por algún tiempo en Antioquía, Bernabé va a buscarle a Tarso y le trae a Antioquía para que colabore con él. Durante un año estuvieron en Antioquía, reuniéndose con la iglesia y dedicados a la enseñanza.

Es en este punto que Lucas nos informa que «a los discípulos se les llamó cristianos por primera vez en Antioquía» (11.26). Al parecer, lo que sucedió fue que los creyentes de habla griega traducían la palabra «Mesías», que quiere decir «Ungido», como «Cristo», que tiene el mismo sentido. Al oírles hablar acerca del Cristo como su Señor y jefe, los paganos en torno a los creyentes dieron en llamarles «cristianos» —es decir, seguidores o siervos del Ungido.

Se anuncia el hambre

Llega entonces de Jerusalén un profeta cristiano de nombre Agabo, quien anuncia que pronto vendrán una gran hambre y necesidad. En respuesta a ese mensaje de Agabo, y sabiendo que la iglesia en Jerusalén es mayormente pobre, los creyentes de Antioquía recogen una ofrenda y la mandan a Jerusalén, comisionando a Saulo y a Bernabé para que la lleven.

De aquí en adelante, Hechos dice muy poco acerca de esta colecta para los creyentes pobres en Jerusalén, que duró varios años. Empero, por las cartas de Pablo sabemos que buena parte de su misión consistía en recoger dinero para mandarlo a Jerusalén. Luego, aquí Lucas menciona como de pasada lo que al parecer fue parte importantísima del ministerio de Pablo.

En el versículo 30, se nos informa que la colecta fue enviada «a los ancianos» en Jerusalén. Ésta es la primera vez que aparece en Hechos el título de «anciano». No se sabe quiénes eran estos «ancianos» de Jerusalén. Algunos sugieren que es otro modo de referirse a los apóstoles. Otros piensan que son los sucesores de los «siete» que fueron elegidos en Hechos 6 para administrar los bienes de la iglesia y que, como en este caso se trata de dinero, son ellos quienes reciben la ofrenda para distribuirla. Otros argumentan que se trata de un nuevo oficio que aparece en la iglesia según van desapareciendo los apóstoles. Ciertamente, en otros lugares de Hechos y del Nuevo Testamento se habla de los «ancianos» que quedan a cargo de cada iglesia. Probablemente lo mejor sea decir sencillamente que, en el caso de estos «ancianos» de Jerusalén, no sabemos quiénes eran.

La persecución contra los apóstoles

Sin dar razones para ello, Lucas nos dice que «en aquel mismo tiempo» —aparentemente, el mismo tiempo en que los de Antioquía estaban mandando recursos a Jerusalén— Herodes comenzó a perseguir a los apóstoles. Primero hizo matar a Jacobo, el hermano de Juan. Sobre esta muerte, Lucas sólo nos dice que fue «a espada». Al ver que ese acto es bien recibido por el pueblo de Judea, Herodes manda apresar a Pedro. Puesto que en esos días se celebraba la Pascua, no parecía tiempo adecuado para matar a Pedro, y por tanto Herodes sencillamente lo hizo encarcelar. Lucas nos dice que quienes lo vigilaban eran «cuatro grupos de cuatro soldados cada uno» (12.4). Estos grupos de cuatro eran práctica común en el ejército romano, donde se les daba una responsabilidad cualquiera —la de servir de centinela o la de guardar a un preso— en períodos de seis horas cada uno. Esto requería cuatro personas para cada cargo o posición. El tener cuatro cuadrillas indica que en todo tiempo Pedro tenía cuatro personas guardándole. Más adelante Lucas menciona las cadenas en sus manos. Lo normal en tales casos era encadenar un preso a un guardia en cada mano. Luego, podemos imaginar a Pedro en la cárcel, vigilado por cuatro soldados, y dos de ellos encadenados a sus manos. Es así que Lucas lo describe, diciendo que Pedro dormía «entre dos soldados, sujeto con dos cadenas, y los guardas delante de la puerta custodiaban la cárcel» (12.6).

Un ángel libera a Pedro

La iglesia toda está orando por Pedro, pero pasa la fiesta de la Pascua, y ya Herodes se apresta a «sacar» a Pedro —es decir, sacarlo para ajusticiarlo públicamente. Esa última noche, mientras Pedro duerme, se le presenta un ángel. La historia está contada con algo de humor, pues la palabra que la Versión Popular traduce como «tocando», da a entender que Pedro dormía tan profundamente que el ángel tuvo que golpearlo. Por otra parte, el hecho de que Pedro durmiera tan profundamente es índice de su confianza en Dios, pues sabe que la muerte le espera al día siguiente y a pesar de eso puede dormir tranquilamente. Ante la presencia del ángel, las cadenas que sujetaban a Pedro se deshacen. El ángel entonces le dice a Pedro que se vista y le siga. El propio Pedro no está seguro de lo que está pasando, y parece imaginar que está soñando. Pero el ángel le acompaña según pasan tres puertas —dos de ellas guardadas por los soldados que habían sido designados para esa tarea— y entonces el ángel se aparta de Pedro y le deja solo.

Es entonces que Pedro se percata de que lo que está viendo no son sueños, sino realidad. Va entonces a casa de María, la madre de Juan Marcos —con quien nos volveremos a encontrar más adelante— y toca a la puerta. Los hermanos están reunidos en la casa, orando — probablemente por Pedro, quien va a ser ejecutado al día siguiente. Quien responde al llamado de Pedro es una muchacha, al perecer una criada, llamada «Rode», que quiere decir «Rosa» o «Rosita». Esta muchacha reconoce la voz de Pedro, y en lugar de abrirle sale alborozada a contarles a los que están orando que Pedro está a la puerta. Una vez más, la narración tiene algo de humor, pues Pedro está afuera, en la calle, mientras los creyentes discuten si lo que Rosita les cuenta puede o no puede ser. Los que la escuchan le dicen que está loca, es decir, que está imaginando cosas que no son. Cuando ella insiste, dicen que quien está a la puerta no es Pedro, sino su ángel. Esto se refiere a una creencia de la época, según la cual cada persona tiene su propio ángel que le cuida, y ese ángel puede en ocasiones aparecérsele a alguien haciendo ver que se trata de la persona misma. La discusión sigue, y en el entretanto Pedro está todavía en la calle, llamando a la puerta. Por fin le abren y se asombran. Pero Pedro les manda callar —aparentemente para no atraer la atención de las autoridades— y les cuenta lo sucedido.

Entonces, con su estilo característico, que muchas veces no nos dice lo que más quisiéramos saber, Lucas dice que Pedro «salió y se fue a otro lugar» (12.17). No volverá a aparecer sino más adelante en la narración de Hechos, sin que se nos diga cómo ni cuándo volvió a Jerusalén, ni dónde estuvo en el entretanto.

La frustración e ira de Herodes se desata contra los soldados. Éstos no pueden dar explicación coherente de lo que ha sido del preso que se les ordenó guardar, y Herodes los hace matar. Entonces, quizá para dejar atrás un episodio tan desagradable para él, Herodes abandona la ciudad de Jerusalén y se va a vivir a Cesarea.

La muerte de Herodes

Sigue entonces la narración de la muerte de Herodes. Aparentemente, el conflicto entre Herodes y los de Tiro y Sidón era una especie de guerra económica, pues tanto Herodes como esas dos ciudades eran súbditos del Imperio Romano, y por ello no podían guerrear entre sí. En todo caso, las dos ciudades buscan el modo de hacer las paces con Herodes. Lucas nos dice que esto se debió a que «su territorio era abastecido por el del rey» (12.20). Aparentemente, las ciudades de Tiro y Sidón necesitaban los productos alimenticios de Judea, y por ello no podían continuar enajenadas con Herodes. Del «Blasto» mencionado en el texto no se sabe nada más que lo que Lucas dice aquí.

De la muerte de Herodes sí se sabe algo más gracias al historiador judío Flavio Josefo. Según Josefo, Herodes se presentó ante el pueblo cubierto de plata, y ésa fue la razón del asombro y la adulación por parte del pueblo. En todo caso, Herodes cayó muerto repentinamente —según dice Lucas, «comido de gusanos» (12.23).

Aparentemente Lucas narra esto por la misma razón que al principio de su Evangelio se refiere al Emperador Augusto y a varios otros personajes. Tiene interés en colocar la historia que narra dentro del contexto de la historia secular. Su referencia a Blasto no nos ayuda mucho, pues no hay manera de saber quién era ni cuáles eran sus funciones. Pero la historia misma de la muerte de Herodes sí nos es útil para saber la fecha de los acontecimientos en torno a ella. Los historiadores colocan la muerte de Herodes en el año 44. Si Pedro fue liberado en la Pascua anterior a la muerte de Herodes, la fecha para tal liberación es el año 43. Luego, todo —o casi todo— lo que Lucas nos ha contado en estos primeros capítulos de su libro hay que colocarlo en los diez años inmediatamente después de la muerte y resurrección de Jesús.

Con la brevedad que le es característica, Lucas cierra toda esta sección con un brevísimo resumen de todo lo que ha dicho y lo que está aconteciendo: «Pero la palabra del Señor crecía y se multiplicaba» (12.24).

Primer viaje de Pablo

(Hechos 12.25–14.28)

El Regreso a Antioquía

Antes de contarnos de la muerte de Jacobo y la liberación de Pedro, Lucas había dejado a Bernabé y a Saulo en Jerusalén, a donde habían ido a llevar la ofrenda recogida en Antioquía para los hermanos de Judea. Ahora nos dice que regresaron a Antioquía, acompañados de Juan Marcos. Este Juan Marcos era el hijo de María, a cuya casa fue Pedro cuando el ángel le sacó de la cárcel. Lucas no nos dice si Bernabé y Saulo ya habían salido de Jerusalén cuando Pedro fue encarcelado y liberado, o si fueron testigos de esos acontecimientos. El propio Pablo nunca se refiere a ellos. Por esa razón, lo más dable es pensar que los mensajeros regresaron a Antioquía una vez cumplido su encargo, y que por tanto no estaban ya en Jerusalén cuando Pedro fue encarcelado.

Juan Marcos acompañará a Bernabé y Saulo en su primer viaje misionero. Por Colosenses 4.10 sabemos que era pariente de Bernabé. Además, se le menciona en varias de las epístolas paulinas y en Primera de Pedro 5.13.

Todo esto sirve sencillamente para preparar el escenario para lo que sigue.

El llamamiento

Lucas nos informa que había «profetas y maestros» en Antioquía, y que entre ellos se contaban, además de Bernabé y de Saulo, «Simón al que se llamaba Niger [es decir, negro], Lucio de Cirene y Menaén, el que se había criado junto con Herodes el tetrarca» (13.1). De estos tres, no se sabe más que lo que este versículo dice, pues no se les vuelve a mencionar. El apodo de Simón parece dar a entender que era de raza negra. Cirene, la ciudad de Lucio, estaba en el norte de África, y por tanto es posible que éste también haya sido de raza negra, o al menos moreno. Lo que se dice de Menaén da a entender que pertenecía a la aristocracia de Judea. Cómo estos personajes se hicieron cristianos, cómo llegaron a Antioquía, y cuál fue su ministerio particular, es imposible saberlo.

Estos cinco están ayunando cuando reciben palabra del Espíritu Santo: «Apartadme a Bernabé y a Saulo para la obra a que los he llamado» (13.2). La historia de este llamamiento es interesante, pues muchas veces pensamos que el llamamiento le llega a la persona directamente. Más adelante, Pablo recibirá llamamientos directos –por ejemplo, cuando el «varón macedonio» le invita a pasar a Europa. Pero en este caso, el llamamiento de Bernabé y de Saulo les llega a través del grupo de líderes de la iglesia. Por otra parte, el Espíritu les dice que ya ha llamado a Bernabé y a Saulo, aun cuando ellos no lo sepan. Luego, el llamamiento es mucho más que el que un individuo escuche directamente lo que Dios quiere que haga. El llamamiento es en primer lugar el propósito que Dios tiene para una persona, lo sepa o no esa persona. Y puede llegarle a la persona a través de la comunidad de fe, en vez de llegarle directamente.

Los hermanos entonces oran y ayunan, aparentemente para asegurarse de que lo que han recibido es verdaderamente palabra del Señor. Tras esa oración y ayuno, les imponen las manos a los dos que han de ir como misioneros, y les despiden. El imponer las manos es señal tanto de bendición como de comisión. Al imponerles las manos están pidiendo que Dios bendiga su ministerio, y al mismo tiempo les están autorizando y enviando en ese ministerio.

Chipre

Al iniciar la historia de este viaje, Lucas menciona sólo a Bernabé y a Saulo. Pero más adelante nos enteramos de que otras personas van con ellos. El único de esos acompañantes —si hubo más de uno— a quien Lucas menciona es Juan Marcos, de quien más adelante nos dirá que decidió no continuar con los misioneros (13.13). Luego, la idea que generalmente nos hacemos, de Bernabé y Saulo viajando solos, bien puede no ser cierta. Lucas sencillamente no se ocupa de decirnos a cada paso quién iba con ellos.

Los viajeros comienzan por ir a Seleucia, pues Antioquía estaba tierra adentro, y su puerto era Seleucia —como el puerto que servía a Jerusalén era Cesarea. Allí se embarcan y van a Chipre. Este modo de comenzar el viaje tiene sentido. Lucas nos dijo antes (5.36) que Bernabé era natural de Chipre. Luego, el grupo va a un lugar que es conocido al menos por uno de ellos. Desembarcan en Salamina, en el extremo oriental de la isla de Chipre, donde predican en varias sinagogas. Una vez más, el mensaje que Bernabé y Saulo anuncian es el cumplimiento en Jesús de las antiguas profecías y promesas hechas al pueblo de Israel. Luego, es perfectamente normal comenzar su predicación en las sinagogas.

Lucas no nos dice qué éxito tuvieron los predicadores en esas sinagogas. Sencillamente dice que después de estar en Salamina pasaron a Pafos, que se encuentra al otro extremo —el occidental— de Chipre. Las palabras que Lucas emplea parecen dar a entender que fueron por tierra, atravesando la isla. (Puesto que Bernabé era chipriota, es posible que haya utilizado su conocimiento de la isla, o quizá algunos amigos o allegados, para facilitar el viaje.)

Al llegar a Pafos, «hallaron a cierto mago, falso profeta, judío, llamado Barjesús, que estaba con el procónsul Sergio Paulo, varón prudente» (13.6-7). Los misioneros van a predicarle al procónsul, pero el mago interviene repetidamente en contra de ellos. (El nombre de Elimas, que el texto le da a Barjesús, y que según Lucas es la traducción de su nombre, recibe varias explicaciones entre los intérpretes. «Elimas» es una palabra de origen desconocido, pero no se conoce ningún idioma en que pueda ser una traducción de «Barjesús».) Entonces Saulo le recrimina, condenándole a ceguera, y el procónsul, asombrado, acepta la predicación de los misioneros.

En este pasaje hay un detalle que frecuentemente pasa desapercibido. Es aquí, en el versículo 9, casi de pasada, que Lucas se refiere a «Saulo, que también es Pablo». A partir de entonces, y en todo el resto de Hechos, ya no se hablará más de «Saulo», sino de «Pablo». Como indicamos anteriormente, la explicación común según la cual Saulo tomó el nombre de Pablo al convertirse es errónea. Si en su caso se seguía la costumbre de la época, los más probable es que Saulo / Pablo tuviese ambos nombres desde antes de su conversión, pues Pablo es su nombre romano, y Saulo es su nombre judío. Hasta este punto, aun después de su conversión, Lucas se ha referido a él como «Saulo». Pero ahora, al comenzar la misión a los gentiles, nos dice que Saulo tiene otro nombre, Pablo; y a partir de entonces ése es el nombre que le da.

La razón para esto es sencilla. Saulo comienza ahora una vida en la que su contexto casi siempre será más amplio que el contexto judío de la primera parte de la historia. Cada vez más, Pablo va a concentrar su obra en la predicación a los gentiles —aunque nunca dejará de predicarles también a los judíos. Para esa misión entre los gentiles, el nombre que mejor le viene es su nombre romano, Pablo.

Además, resulta interesante notar que el nombre del procónsul Sergio Paulo es el mismo, pues «Paulo» no es más que una forma diferente de «Pablo». Es en el momento en que Saulo está testificando ante Sergio Pablo que Lucas nos dice que su nombre también es Pablo.

Hasta donde sabemos, Pablo nunca volvió a Chipre. Pero Bernabé y Marcos sí regresaron (15.39). Puesto que Hechos no sigue la historia de todos los misioneros, sino solamente de Pablo, no nos dice más acerca de esa iglesia en Chipre fundada por Bernabé y Pablo. Pero poco después en la historia esa iglesia aparece pujante, y hasta el día de hoy buena parte de la población de Chipre es cristiana.

Antioquía de Pisidia

Tras predicar y pasar algún tiempo en Pafos (Lucas no nos dice cuánto tiempo), el grupo navegó hasta el puerto de Perge, en la costa sur de lo que hoy es Turquía. Allí Juan Marcos decidió apartarse del grupo y regresar a Jerusalén. No se dan las razones para ello. Más tarde, Pablo no estaría dispuesto a llevar consigo a Juan Marcos, y Bernabé sí deseaba llevarle —lo que entonces haría que Pablo tomara un camino y Bernabé otro.

Adentrándose bastante hacia el centro de lo que hoy es Turquía, Pablo y Bernabé (y quizá otros acompañantes cuyos nombres no se nos dan) llegan a la ciudad de Antioquía de Pisidia. Esta Antioquía no debe confundirse con la ciudad del mismo nombre de donde habían salido. El punto de partida de los misioneros fue Antioquía *de Siria*. Ahora llegan a Antioquía *de Pisidia*. De esa ciudad no quedan hoy más que las ruinas, entre las que se destaca la calle principal, pavimentada con grandes piedras.

La misión en Pisidia comienza un sábado, cuando los misioneros asisten al servicio en la sinagoga y se les invita a hablar. Aprovechando esa invitación, Pablo pronuncia un discurso que va dirigido a los «israelitas y los que teméis a Dios» (13.16). Una frase parecida aparece más adelante: «Hermanos, hijos del linaje de Abraham y los que entre vosotros teméis a Dios» (13.26). Una vez más nos encontramos con este tema de los «temerosos de Dios», que se acercaban al judaísmo y creían en su Dios y en sus preceptos morales, pero no se hacían judíos. Aparentemente en esta sinagoga hay un número notable de estos temerosos de Dios. A ellos, así como a los judíos, Pablo les dirige un discurso en el que recuenta muy brevemente el éxodo de Egipto, la entrada en la tierra, el período de los jueces, y por fin el establecimiento de la dinastía de David.

A partir de ahí, el discurso no continúa con la historia de Israel, sino que se centra en la promesa hecha a David, y señala cómo Jesús, anunciado antes por Juan el Bautista, es el cumplimiento de esa promesa, pues «Dios levantó a Jesús por Salvador a Israel» (13.23). Pablo les dice claramente que Jesús fue rechazado por los habitantes de Jerusalén y por sus gobernantes, quienes entregaron a Jesús a Poncio Pilato para que le matase. A esto añade que quienes tal hicieron, desconocían las promesas de los profetas, pero con todo y eso, en el hecho mismo de desobedecerlas, las cumplieron, pues lo que sucedió fue lo que los profetas anunciaron antes.

Pero la historia no termina con eso, sino que Dios levantó a Jesús de entre los muertos, de modo que Jesús se presentó repetidamente entre sus discípulos, quienes testificaron de su resurrección.

Pablo pasa entonces a hablar de la misión que le ha traído hasta Antioquía de Pisidia: «nosotros también os anunciamos el evangelio de aquella promesa hecha a nuestros padres, la cual Dios ha cumplido en nosotros, sus hijos, resucitando a Jesús» (13.32-33). Todo esto lo corrobora entonces con varias citas de las Escrituras hebreas, especialmente de los Salmos, que apuntan hacia Jesús. Pablo termina entonces su discurso con una cita de Habacuc acerca de la obra que Dios hace, una obra tal que si alguien la cuenta, las gentes no creerán.

Con esto termina el discurso de Pablo. Al parecer, el discurso es bien recibido, pues al salir de la sinagoga «los gentiles» —aparentemente los gentiles temerosos de Dios que habían escuchado el discurso— les invitan a regresar el próximo sábado y Pablo continúa hablándoles de lo que les han dicho. Lo que es más, después de terminado el servicio, «muchos de los judíos y de los prosélitos piadosos [es decir, gentiles que se habían hecho judíos] siguieron a Pablo y a Bernabé» (13.43).

Hasta aquí todo parece marchar bien. Una semana después, el próximo sábado, Pablo y Bernabé se preparan para enseñar una vez más en la sinagoga. La noticia de lo que han dicho ha corrido por la ciudad, de modo que «se juntó casi toda la ciudad para oír la palabra de Dios» (13.44). Para entender esto, hay que recordar que la religión judía era respetada por muchos como altamente moral, así como por su monoteísmo. Pero también era vista como posesión exclusiva de los judíos o de los gentiles que estuviesen dispuestos a someterse a todas sus reglas. Ahora llegan estos predicadores hablando de cómo Dios ha abierto sus promesas, y esto causa gran expectativa. Mas Lucas nos advierte que «viendo los judíos la muchedumbre, se llenaron de celos y rebatían lo que Pablo decía, contradiciendo y blasfemando» (13.45). Cualquier persona que conozca algo de cómo funciona la mente humana no se sorprenderá de esto. Muchas veces quienes pertenecen a un grupo se regocijan cuando otros quieren unirse al grupo; pero cuando son muchos los que quieren entrar, y se corre el riesgo de que los nuevos lleguen a ser la mayoría, las circunstancias cambian. El grupo que antes se mostró acogedor ahora resulta hostil, y trata de defender su propia identidad negándose a aceptar a los de fuera. Hasta el día de hoy frecuentemente vemos en algunas iglesias ejemplos de tales actitudes. Algo así es lo que sucede en la sinagoga de Antioquía de Pisidia. Sus miembros se regocijan cuando la predicación de Pablo y Bernabé atrae a algunos gentiles. Pero cuando el número de gentiles amenaza inundar la sinagoga, ésta se retrae, reafirma sus fronteras, y rechaza la misma predicación que antes pareció aceptar.

La respuesta de Pablo y Bernabé es tajante. Los de la sinagoga tenían derecho a que se les predicase primero la palabra de Dios. Pero, dicen los misioneros, «puesto que la desecháis y no os juzgáis dignos de la vida eterna, nos volvemos a los gentiles» (13.47). Normalmente se señala este punto en su ministerio como el momento en que Pablo se torna hacia los gentiles. Pero lo cierto es que Pablo siempre siguió comenzando su ministerio en cada ciudad acercándose primero a la sinagoga, e invitando a sus miembros a aceptar el Evangelio.

Aunque los miembros de la sinagoga rechazan la predicación de los misioneros, muchos de entre los gentiles sí la aceptan, de tal modo que nos dice Lucas que «la palabra del Señor se difundía por toda aquella provincia» (13.49). En respuesta al éxito de los misioneros, «los judíos» —aparentemente no todos, sino aquéllos que se oponen a la predicación del Evangelio— instigan a «mujeres piadosas y distinguidas». El referirse a ellas como «piadosas» da a entender que se contaban entre los «temerosos de Dios». El llamarlas «distinguidas» las coloca en las altas esferas de la sociedad de Antioquía. Lucas no explica por qué estas mujeres se prestan a los designios de quienes quieren deshacerse de los misioneros. Quizá el hecho mismo de ser «piadosas» y «distinguidas» las lleva a resentir la predicación de Pablo y Bernabé, que parece abrirles las puertas de la sinagoga a toda la población de la ciudad —incluso los menos «distinguidos». Además, de algún modo que Lucas no explica, estos judíos logran el apoyo de «los principales de la ciudad» (13.30). El resultado de todo esto es la expulsión de los misioneros, quienes se sacuden el polvo de los pies, indicando que no quieren llevar nada de la ciudad, y siguen hasta Iconio.

Al terminar la historia de esta visita a Antioquía de Pisidia, Hechos nos dice que «los discípulos estaban llenos de gozo y del Espíritu Santo» (13.52). La historia que se nos ha narrado tan escuetamente debe haber tomado algún tiempo, pues aparentemente los misioneros permanecen en Antioquía el tiempo necesario para dejar tras de sí una comunidad de discípulos. Además, puesto que la sinagoga les ha rechazado, es de imaginarse que estos discípulos forman una iglesia aparte de la sinagoga, y que así la iglesia cristiana se va tornando la comunidad predominantemente gentil que a la postre resultó ser.

Iconio

Iconio, hoy la ciudad turca de Konya, estaba a unos ciento cincuenta kilómetros de Antioquía de Pisidia. Luego, el viaje debió tomar varios días. Lucas no dice una palabra acerca del viaje mismo, y resume la obra de los misioneros en Iconio en unos breves versículos (14.1-5). Lo que tiene lugar en Iconio es muy parecido a lo que aconteció antes en Antioquía. Pablo y Bernabé comienzan su predicación en la sinagoga, donde muchos aceptan lo que dicen.

Además, muchos «griegos» —es decir, gentiles— también creen. Ante los prodigios que los misioneros hacen, y la sabiduría de su predicación, muchos creen, al punto que la ciudad está dividida entre quienes les apoyan y quienes se les oponen. Pero «los judíos que no creían excitaron y corrompieron los ánimos de los gentiles contra los hermanos» (14.2). Cuando se proyecta «maltratarlos y apedrearlos», los misioneros huyen. Empero, esta historia contada en tan breves palabras representa más de lo que aparenta, pues Lucas nos informa que los misioneros «se detuvieron allí mucho tiempo» (14.3).

Listra y Derbe

Al huir de Iconio, los misioneros van primero a Listra y luego a Derbe. Éstas son ciudades mucho más pequeñas y apartadas que Antioquía de Pisidia o Iconio. Posiblemente porque sus lectores no sabrán dónde están esas ciudades, Lucas añade que son «ciudades de Licaonia» (14.6). Además, añade que fueron, no sólo a esas ciudades, sino también «a toda la región circunvecina» (14.7).

En Listra ocurre un milagro que nos recuerda la curación del paralítico junto a la puerta del Templo (3.1-8). Lucas recalca la condición del enfermo con tres frases que prácticamente quieren decir lo mismo. El hombre, dice, «estaba sentado, (1) imposibilitado de los pies, (2) cojo de nacimiento, que (3) jamás había andado» (14.8). Si se compara lo que sigue con la historia de la curación del cojo en la puerta La Hermosa, se verá el paralelismo constante entre ambos episodios. Como Pedro y Juan en el Templo, Pablo le manda al cojo que fije en él la vista, y luego que se levante. El cojo lo hace, y celebra su curación, no sólo andando, sino también saltando. Una vez más, el poder de Dios se manifiesta en los prodigios que hacen sus seguidores.

Pero uno de los principales problemas con las señales y prodigios es que bien pueden interpretarse mal. De hecho, cada cual los interpreta desde su propio contexto y por tanto, si no se explican, pueden conducir al error. En este caso la gente del lugar parece acordarse de una vieja leyenda que circulaba en la región, según la cual los dioses Zeus y Hermes se les aparecieron a dos pastores. Zeus, cuyo nombre latino era Júpiter, era el primero de los dioses y su jefe. Hermes, cuyo nombre latino era Mercurio, era más joven, y se le conocía sobre todo como el mensajero de los dioses. (De ahí la palabra castellana «hermenéutica», o la ciencia de Hermes). Viendo ahora a estos dos personajes, aparentemente uno más maduro y el otro joven, pero elocuente, y viendo que hacen milagros, las gentes llegan a la conclusión de que se trata de una nueva visitación divina. Según les parece, Bernabé debe ser Júpiter; y Pablo, Mercurio.

Para complicar las cosas, estamos en una región apartada. Aunque frecuentemente se dice que la parte occidental del Imperio Romano hablaba el latín, y que el griego era la lengua de la parte oriental, lo cierto es que no todos hablaban esas lenguas. El griego y el latín se usaban en la literatura, en el comercio, en los viajes. Pero quienes se dedicaban a la agricultura en lugares apartados seguían hablando la lengua de sus antepasados. En este caso, esa lengua era el licaonio, que los misioneros no entendían. Hablando en licaonio, los naturales del lugar comentan que estos dos visitantes son Júpiter y Mercurio. Pablo y Bernabé no tienen sospecha alguna de lo que está aconteciendo. Hasta el sacerdote de Júpiter se convence de que se trata de su dios, y se prepara a ofrecerle sacrificios. Por fin los misioneros se percatan de lo que está pasando, y a voces tratan de persuadir a la multitud de que ellos no son dioses. Insisten en su propia humanidad y en la grandeza de Dios, quien ha hecho todas las cosas y quien provee lluvia, sustento y alegría. Por fin, aparentemente con grandes dificultades, logran persuadir a la multitud de que no son dioses.

De paso, conviene señalar que aquí, en el versículo 4, Lucas se refiere a Bernabé y a Pablo como «los apóstoles». Esto nos recuerda que el título de «apóstol» se usó en la iglesia primitiva en dos sentidos diferentes. En uno de ellos, se refiere a los doce, quienes fueron testigos originales de la resurrección de Jesús. En el otro sentido, la palabra «apóstol», que sencillamente quiere decir «enviado», se emplea como sinónimo de «misionero» o de «mensajero».

Lucas no nos dice cuánto tiempo los misioneros permanecieron en Listra. Al parecer fue por poco tiempo, pues pronto llegaron «unos judíos de Antioquía y de Iconio que persuadieron a la multitud» (14.19). Esto no ha de sorprendernos, pues frecuentemente cuando una multitud descubre que se ha equivocado, y las esperanzas que había puesto en alguien se frustran, esa misma multitud se vuelve contra sus antiguos ídolos, culpándoles por su propia frustración y sus errores.

La multitud que antes estuvo a punto de ofrecerles sacrificio a los misioneros ahora apedrea a Pablo y le saca de la ciudad, dándole por muerto. No se nos dice por qué Bernabé no sufrió la misma suerte. En todo caso, rodeado por sus discípulos (lo cual indica que su permanencia en la ciudad fue relativamente prolongada), Pablo se levanta y regresa a la ciudad, para salir al día siguiente hacia la cercana Derbe.

Derbe

Del ministerio de Pablo y Bernabé en Derbe —otra pequeña ciudad cerca de Listra— se nos dice muy poco. Esto parece deberse, no a que no tuvieran éxito, sino a todo lo contrario —a que su éxito fue grande, y no tuvieron mayores dificultades. Hechos nos dice sencillamente que hicieron muchos discípulos en Derbe. Una vez más, parece que Lucas no pretende contarnos toda la historia de la obra de Pablo y Bernabé, sino subrayar sobre todo aquellos lugares donde ocurrieron cosas diferentes o extraordinarias.

El regreso

Con igual brevedad, Lucas nos cuenta del regreso de los misioneros a Antioquía de Siria, de donde habían salido. Dice que regresaron por el mismo camino por el que habían venido, pues «volvieron a Listra, Iconio y Antioquía [de Pisidia]» (14.21). No olvidemos que en cada una de esas ciudades habían tenido dificultades, y que sus enemigos todavía estarían allí. Pero también había allí discípulos a quienes fortalecer, inspirar y consolar. Las palabras que Lucas pone en boca de los misioneros se relacionan estrechamente con sus experiencias en esos lugares, y con toda probabilidad, con las experiencias que los discípulos habían dejado en ellas: «Es necesario que a través de muchas tribulaciones entremos en el reino de Dios» (14.22). Además, fueron organizando las iglesias en toda la región, «constituyendo ancianos en cada iglesia» (14.23).

Las ciudades de Panfilia y Atalia, que se mencionan ahora (14.24-25), estaban en el camino que siguieron antes, y aunque Lucas las menciona solamente en la ruta de regreso, lo más probable es que también hayan pasado por ellas en su camino inicial hacia Antioquía de Pisidia.

Llegan por fin de regreso a Antioquía de Siria, la ciudad de donde habían salido. Allí convocan a la iglesia y le informan de todo lo acontecido durante su larga ausencia. A esto Lucas añade que «se quedaron mucho tiempo con los discípulos» (14.28), lo cual corrige la visión común, según la cual Pablo siempre estuvo andando de un lugar para otro.

El «concilio» de Jerusalén

(Hechos 15.1–35)

El problema

La fecha de lo que aquí se cuenta no resulta clara. La versión de Reina y Valera (revisión de 1995), que venimos siguiendo, comienza el capítulo 15 con la palabra «entonces», lo cual da a entender que esto sucedió poco después del regreso de Pablo y Bernabé, y parece implicar que el problema surge a raíz de la misión de éstos. Pero el texto griego empieza diciendo sencillamente «algunos que venían de Judea...», sin dar más indicación del tiempo. La añadidura de la palabra «entonces» ha de verse como una conexión útil entre este capítulo y el anterior, pero no como una indicación de que lo que se cuenta haya sucedido inmediatamente después de lo anterior, o que sea consecuencia de la misión a los gentiles. De hecho, Lucas nos ha dicho que desde bastante tiempo antes la iglesia de Antioquía incluía buen número de gentiles.

Luego, el problema no es que los gentiles se estén convirtiendo. El problema es que, por alguna razón que Lucas no explica, llegan ahora a Antioquía un número de maestros, procedentes de Judea —probablemente de Jerusalén, su capital— quienes insisten en que para ser salvo hay que circuncidarse. Probablemente lo que exigen es más que la mera circuncisión, pues para muchos ese rito era señal y resumen de la Ley. En tal caso, en lo que estas personas —a quienes Pablo en sus cartas llama «judaizantes»— están insistiendo es en la obligación de todos los creyentes de guardar las leyes de Israel circuncidándose, pero también absteniéndose de alimentos prohibidos, observando las fiestas de Israel, etc.

Pablo y Bernabé se oponen tenazmente a tales doctrinas, que contradicen lo que la iglesia de Antioquía ha venido haciendo y enseñando por algún tiempo, así como lo que ellos mismos enseñaron y experimentaron en su viaje misionero. Empero, aparentemente estos maestros insisten en sus enseñanzas, declarando que representan las opiniones de la iglesia en Jerusalén. Es por esto que «se dispuso» (15.2) —es decir, que la iglesia decidió— que Pablo y Bernabé, acompañados de otros miembros de la iglesia, irían a Jerusalén para dirimir la cuestión.

Camino a Jerusalén, el grupo pasa por Fenicia y por Samaria —como era natural siguiendo el camino por tierra entre Antioquía y Judea. De camino, van «contando la conversión de los gentiles». Esto se refiere tanto al viaje misionero de Pablo y Bernabé como a la conversión de los gentiles desde mucho antes en la ciudad de Antioquía. En respuesta a estas noticias, nos dice Lucas, que los creyentes en esas regiones se gozaban. Lo que esto indica es que la actitud de los «judaizantes» no gozaba de apoyo entre los cristianos de Fenicia y de Samaria, sino que al contrario la postura de Pablo, Bernabé y la iglesia en Antioquía, y la conversión de los gentiles, eran bien vistas por ellos.

El «concilio»

Al llegar a Jerusalén la delegación antioqueña, la iglesia se reúne con ellos. Tradicionalmente, se le ha dado a esta reunión el título de «concilio de Jerusalén», con lo cual se implica que fue precursor de los grandes concilios que se celebraron a partir del año 325. Empero, no es necesario darle tal título a esta reunión. Ya para esa fecha había muchísimas otras iglesias en otras partes del Imperio, y ninguna de ellas tenía representación en el supuesto «concilio». Se trata más bien de una visita de una delegación de la iglesia de Antioquía a la iglesia madre, para tratar un punto sobre el cual parece haber desacuerdo —y posiblemente para aclarar si los maestros «judaizantes» que han llegado a Antioquía representan o no las opiniones de los cristianos de Jerusalén.

Por otra parte, aunque una rápida lectura de la narración en Hechos parecería indicar que toda la discusión tuvo lugar en una sola reunión, lo más probable es que la delegación antioqueña se reuniese con los cristianos de Jerusalén en varias ocasiones — unas veces solamente con los jefes de la iglesia, y otras con toda la congregación.

La acogida que los antioqueños reciben es cordial, y tienen oportunidad de contar todo lo que ha estado aconteciendo —aparentemente no sólo en Antioquía, sino también como resultado del viaje de Pablo y Bernabé. Aunque esto es bien recibido, hay «algunos de la secta de los fariseos que habían creído» (15.5) que adoptan la postura de los «judaizantes» que han ido antes a Antioquía, y cuyas enseñanzas han provocado la necesidad de esta delegación antioqueña a Jerusalén. Según estos cristianos fariseos, «es necesario circuncidarlos y mandarles que guarden la Ley de Moisés» (15.5). Recordemos que estamos todavía en un período en que no se piensa que hacerse cristiano sea abandonar el judaísmo, sino todo lo contrario: el cristianismo es el cumplimiento y la culminación de la fe y las esperanzas de Israel. Cuando un judío acepta el cristianismo, no cree estar abandonando el judaísmo, sino siéndole completamente fiel —aunque los líderes del judaísmo le digan lo contrario. Por ello, no hay nada más natural que el que cada judío cristiano interprete el cristianismo desde la perspectiva de su propio judaísmo. En el judaísmo de la época, como ya se ha indicado, mientras los saduceos centraban su religión en el Templo y sus sacrificios, los fariseos la centraban en la Ley. Por ello, un fariseo convertido al cristianismo normalmente seguiría su observancia estricta de la Ley, y pensaría que los demás debían hacer lo mismo. Ciertamente, tal no era la opinión de todos los fariseos, pues el propio Pablo era fariseo. Pero no ha de sorprendernos el que estos fariseos cristianos quieran exigir que todos los gentiles convertidos al cristianismo, al aceptar esta fe que es la culminación de la fe de Israel, acepten también y obedezcan todo lo que para ellos es tan importante.

El desacuerdo es profundo. Aparentemente no es sólo en Antioquía que hay diversidad de opiniones, pues Lucas nos dice que es sólo «después de mucha discusión» (15.6) que Pedro ofrece su opinión.

Esa opinión se basa en su propia experiencia con Cornelio, que ahora Pedro repite brevemente, como cosa ya sabida por quienes le escuchan. Refiriéndose a aquellos conversos, Pedro dice que el Espíritu Santo «ninguna diferencia hizo entre nosotros y ellos, purificando por la fe sus corazones» (15.9). Pero en este caso Lucas nos pinta a Pedro yendo más lejos al declarar —como Pablo lo haría repetidamente en sus epístolas— que la Ley es una carga que ni los judíos mismos pueden obedecer a plenitud: «¿por qué tentáis a Dios, poniendo sobre la cerviz de los discípulos un yugo que ni nuestros padres ni nosotros hemos podido llevar?» (15.10). En consecuencia, concluye Pedro, «creemos que por la gracia del Señor Jesús [es decir, no por el cumplimiento de la Ley] seremos salvos, de igual modo que ellos» (15.11).

Las palabras de Pedro causan un silencio que es señal de reflexión, y en medio del cual Bernabé y Pablo cuentan una vez más «cuán grandes señales y maravillas había hecho Dios por medio de ellos entre los gentiles» (15.12).

Ahora es Jacobo —uno de los doce— quien interviene, apoyando las palabras de Pedro con una cita del profeta de Amós combinada con algunas palabras de Isaías. Al igual que Pedro, Jacobo piensa que Dios está interviniendo para añadir a los gentiles al pueblo de Israel y hacerles herederos de las promesas. Su conclusión y sugerencia es que se les escriba a los hermanos de Antioquía diciéndoles que no tienen que circuncidarse ni que cumplir toda la ley, sino solamente en cuatro puntos: que se aparten de las contaminaciones de los ídolos, de fornicación, de ahogado y de sangre» (15.20). Lo de los ídolos y la fornicación resulta claro. Lo de «ahogado» y «sangre» se refiere a lo que se ha de comer. La Ley de Israel prohibía comer animales muertos sin desangrar. Puesto que en la antigüedad era común compartir comida entre una familia y otra, era importante que los gentiles que vivieran en Israel no comieran carne sin desangrar. Lo mismo es cierto ahora de los cristianos, cuyo principal culto es una cena. Hay que asegurarse de que en esa cena no se sirva nada que sea abominable o escandaloso a los judíos cristianos que participen de ella. Sin tales reglas, la comunión misma, símbolo de unión entre los cristianos, no se podrá celebrar justamente entre cristianos gentiles y cristianos judíos.

Los puntos que Jacobo menciona son precisamente los cuatro puntos que, según Levítico 17.8–18.26, debían seguir los gentiles que decidieran morar en Israel. El propósito de tales instrucciones en Levítico era permitirles a los gentiles vivir en Israel sin contaminar al resto del pueblo. Luego, lo que Jacobo está sugiriendo es que, para permitirles a los gentiles que ahora se convierten venir a formar parte del Israel de Dios, todo lo que ha de exigírseles es que no contaminen a Israel, que cumplan las antiguas leyes que fueron promulgadas con ese propósito.

Cuando así se les entiende, los cuatro puntos que Jacobo sugiere, y que a la postre la iglesia de Jerusalén incluye en su carta, no son leyes sin las cuales sea imposible salvarse, ni intentos de reducir la Ley al mínimo, ni siquiera un resumen de los puntos más importantes de la Ley —pues en ellos ni siquiera se menciona el amor a Dios y al prójimo. Son más bien un modo de posibilitar la existencia de una iglesia que es a la vez judía y gentil, sin obligar a los judíos a contaminarse con los gentiles, ni a éstos últimos a llevar sobre sí la pesada carga de todos los mandatos de la Ley. Posiblemente sea por esto que Jacobo incluye al final de sus palabras un comentario acerca de cómo «Moisés desde tiempos antiguos tiene en cada ciudad quien lo predique en las sinagogas» (15.21). Al parecer lo que esto quiere decir es que en cada ciudad, y no solamente en Jerusalén, los cristianos serán tanto judíos como gentiles, y que por ello estas reglas de convivencia, resumidas en los cuatro puntos que Jacobo sugiere, serán necesarias.

Empero, como hemos indicado repetidamente, hay dos modos de leer y entender el libro de Hechos. Uno —el que aquí preferimos— es leerlo como la historia del modo en que el Espíritu actúa en la iglesia, guiándola a cada paso, dándole instrucciones para el camino, y frecuentemente corrigiendo las decisiones de la iglesia y hasta de los apóstoles. El otro, que ha gozado de muchos partidarios desde fecha relativamente temprana, es leer Hechos como un libro de leyes, como una especie de disciplina a la que los creyentes han de sujetarse y según la cual han de organizar la iglesia, de celebrar su culto, de determinar lo que comen, etc.

Como resultado de este segundo modo de leer Hechos, quien escribió el texto occidental —al que ya hemos hecho referencia como un intento de darle al texto un carácter más conservador, y de hacer de Hechos un libro de leyes y principios— cambió los cuatro puntos de Jacobo en tres: idolatría, fornicación y sangre. ¿Por qué eliminó lo de «ahogado»? Porque el sentido original del texto ya no se aplicaba en el siglo segundo, cuando eran cada vez menos los judíos que se convertían al cristianismo, la iglesia se iba haciendo mayormente gentil, y no había que preocuparse ya por no contaminar o escandalizar a los hermanos judíos. Ahora, en el texto occidental, los cuatro puntos de Jacobo se vuelven tres admoniciones morales. A partir de entonces, y por varios siglos, se entendió la decisión de Jerusalén sin referencia alguna a las circunstancias de aquel momento, y se hizo de ellas una lista de los tres grandes pecados de que los cristianos debían abstenerse —y que, según algunos, eran imperdonables— es decir, la idolatría, la fornicación y el homicidio (pues ahora se interpretaba el «abstenerse de sangre» en el sentido de no matar).

La carta

Esto les parece bien a la congregación y a sus jefes, quienes deciden escribirles a los cristianos de Antioquía —y de paso a los del resto de Siria y de Cilicia— diciéndoles que éstos son los cuatro puntos necesarios para mantener la comunión. La carta misma tiene la estructura tradicional de las cartas de entonces, empezando con el nombre o nombres de quienes la envían, seguido del nombre o nombres de los destinatarios, y de una salutación: «Los apóstoles, los ancianos y los hermanos, a los hermanos de entre los gentiles que están en Antioquía, Siria y Cilicia: Salud» (15.23). A esto sigue el mensaje mismo, para concluir todo con una bendición o palabras de buena voluntad: «Pasadlo bien» (15.29).

El mensaje es el que Jacobo sugirió antes, e incluye los cuatro puntos que Jacobo toma de Levítico. Pero además desautoriza a los maestros que han llegado a Antioquía diciendo que vienen de la iglesia de Jerusalén, y quienes han sido la causa de todo el problema: «hemos oído que algunos que han salido de nosotros, a los cuales no dimos orden, os han inquietado con palabras, perturbando vuestras almas, mandando circuncidaros y guardar la Ley» (15.24). Además, la carta sirve de presentación para dos hermanos a quienes los de Jerusalén envían a Antioquía, Judas Barsabás (¿hermano quizás de José Barsabás, quien había sido candidato a ocupar el puesto de Judas el traidor?) y Silas. Silas volverá a aparecer en Hechos, y luego (bajo su nombre romano de Silvano) en varias de las epístolas paulinas y en Primera de Pedro.

Al recomendar a Judas y Silas, la iglesia de Jerusalén está siguiendo una costumbre muy común en esa época: mandar una carta con un mensajero que pudiese representar a quien escribía la carta. Es por esto que al llegar a Antioquía estos dos mensajeros, no sólo entregan la carta de Jerusalén, sino que además permanecen algún tiempo predicando. El ser «profetas», como aquí se les llama (15.32), no quiere decir necesariamente que predijesen el futuro, aunque algunos profetas sí lo hayan hecho. El profeta es más bien quien habla en nombre de Dios; es decir, el predicador. Como profetas o predicadores, Silas y Judas consuelan e inspiran a los creyentes de Antioquía.

Cuando se cumplió la misión de los emisarios, «después de pasar algún tiempo allí» (15.33), los antioqueños se disponen a despedirlos, y así lo hacen. Judas regresa a Jerusalén. Pero Silas decide permanecer en Antioquía, donde Bernabé y Pablo continúan su trabajo.

Segundo viaje de Pablo

(Hechos 15.36–18.22)

Se prepara el viaje

Pablo le sugiere a Bernabé un nuevo viaje cuyo propósito inicial no es llevar el Evangelio a nuevos lugares, sino sencillamente visitar las iglesias que han dejado establecidas en diversas ciudades durante el viaje anterior. Bernabé concuerda, pero insiste en que deben llevar con ellos a su joven pariente Juan Marcos, quien les abandonó casi al comienzo del primer viaje. Pablo se niega, y a la postre los dos antiguos compañeros se separan. Bernabé toma consigo a Marcos, y juntos parten para Chipre —que, como hemos visto, era la tierra natal de Bernabé. (Había otros motivos de desacuerdo entre Bernabé y Pablo, como éste último indica en Gálatas 2.13). Más tarde, en sus epístolas, Pablo hablaría bien de Bernabé, o al menos reconocería su ministerio (Col 9.6; Col 4.10). En cuanto a Marcos, de algún modo que desconocemos se reconcilió con Pablo, y vino a ser su acompañante (véase Col 4.10 y Flm 24). Empero en el libro mismo de Hechos no se nos dice más acerca de la misión de Bernabé y Marcos a Chipre, o del estado de las iglesias en esa isla.

Por su parte, Pablo toma consigo a Silas (o Silvano), quien había venido a Antioquía junto a Judas Barsabás para llevar la carta de la iglesia de Jerusalén, pero decidió permanecer en Antioquía cuando Judas regresó a Jerusalén.

Timoteo se une a los misioneros

Como en otras ocasiones, Lucas abrevia o hasta salta lo que debió tomar por lo menos varias semanas de viaje, pues nos dice sencillamente que Pablo llegó a Derbe y a Listra. Pero la ruta que ahora sigue es distinta de la anterior, posiblemente porque no tiene necesidad (o deseo) de ir a Chipre. Luego, en lugar de ir por mar a Chipre y luego a Perge, va por tierra, pasando por la región de Cilicia —de donde era oriundo, pues Tarso estaba en Cilicia— para entrar por tierra en lo que hoy es Turquía. Esto le lleva a Derbe y a Listra antes que a Iconio y al interior de la Península de Anatolia.

Listra era la ciudad donde antes los habitantes tomaron a Bernabé y Pablo por dioses, lo cual llevó a una gran confusión, y a la postre, a la mala voluntad de buena parte de la población. Pero allí también habían dejado discípulos, y ahora Pablo encuentra allí a Timoteo, quien será unos de sus más fieles compañeros. Lucas nos dice que la madre de Timoteo era una creyente judía, pero que su padre era griego. No nos dice si el padre también se había hecho cristiano o no. En otro lugar del Nuevo Testamento (1 Ti 1.5) se nos dice que la madre de Timoteo se llamaba Eunice; y su abuela, también creyente, era Loida. Aquí Lucas nos informa que los creyentes tanto en Listra como en Iconio hablaban bien de Timoteo.

La importancia del hecho de que el padre de Timoteo sea «griego» —si cristiano o no, no lo sabemos— radica en que Timoteo no ha sido circuncidado. Pablo lo circuncida, pues todos los judíos de aquella zona, sabiendo que el padre de Timoteo no era judío, sabrían también que el propio Timoteo era incircunciso. Esto podría crearles a los misioneros nuevas y mayores dificultades con los judíos —sobre todo por cuanto Pablo continúa su práctica anterior de comenzar la misión en cada lugar visitando la sinagoga.

Pablo y sus acompañantes salen entonces de viaje, sin que Hechos nos diga la ruta exacta que siguen, sino que se limita a informarnos que en cada ciudad a que llegaban les hacían saber a los creyentes lo que se había decidido en Jerusalén, para que se ajustaran a ello, y que esto a su vez animaba a las iglesias y hacía aumentar el número de creyentes.

La misión a Macedonia

Lucas no nos dice exactamente qué ciudades los misioneros visitaron entre Iconio y Troas. Nos dice que pasaron Frigia y la provincia de Galacia, y que «les fue prohibido por el Espíritu Santo hablar la palabra en Asia» (16.6). Posiblemente esto se refiera a lo mismo a que Pablo alude en Gálatas 4.13-14, donde dice que fue una enfermedad lo que le hizo pasar por Galacia. Llegan así a la región de Misia, donde al parecer tampoco predican. Su propósito es ir hacia el norte, a la región de Bitinia, en la costa norte de lo que hoy es Turquía, es decir, sobre el Mar Negro. Sin explicarnos cómo, Lucas dice sencillamente que el Espíritu les impidió hacerlo, y que fue por eso que llegaron por fin a la ciudad de Troas, en el estrecho entre Asia y Europa.

Es en Troas que Pablo tiene la visión del «varón macedonio». Lucas bien pudo decir sencillamente que tuvo la visión de un macedonio. Al insertar la palabra «varón», parece dar a entender que el género del personaje de la visión tiene cierta importancia. Sobre esto volveremos más adelantes.

En base a esa visión, Pablo decide partir para Macedonia, al otro lado del estrecho y por tanto en Europa. Es aquí que aparece el «nosotros» a que nos hemos referido en la introducción, pues Lucas dice «en seguida procuramos partir» (916.10), lo cual parece indicar que el autor era parte del grupo. Pero hasta ahora ha hablado en tercera persona, refiriéndose a Pablo y sus acompañantes como «ellos». En 16.9, por ejemplo, dice «descendieron a Troas». ¿Dónde y cómo se les unió este personaje —aparentemente el autor del libro— que ahora se refiere al grupo todo como «nosotros»? ¿Estaría ya en Troas? Si no, ¿por qué Lucas no le incluye antes? Es imposible saberlo, pues el texto no lo aclara.

Naturalmente, este viaje hay que hacerlo por barco. En ese tiempo, los marinos temían navegar fuera de vista de la tierra. Por ello, tampoco navegaban de noche, pues la cercanía de la costa haría peligrar sus embarcaciones. Luego, navegaban desde la madrugada hasta el anochecer, cuando se cobijaban en alguna bahía. Esto es lo que hacen nuestros viajeros. El primer día van hasta Samotracia, luego hasta Neápolis, y por fin llegan a Filipos. Lucas no nos dice que predicaran en las ciudades intermedias. Y es probable que no lo hicieran, pues estarían anclados junto a ellas sólo una noche, y posiblemente dormirían en la embarcación misma. Filipos era una ciudad importante en Macedonia, pero no su capital. Por ello, al decir que Filipos es «la primera ciudad de la provincia de Macedonia» (16.12), posiblemente Hechos se está refiriendo al itinerario de los viajeros mismos, para quienes Filipos sería efectivamente el punto de entrada a Macedonia.

Tras pasar unos días en Filipos, al llegar el sábado, los misioneros deciden ir al lugar de oración de los judíos. En esto siguen su práctica común, de comenzar su predicación en la sinagoga de cada lugar. Pero en Filipos no hay sinagoga, sino únicamente un lugar donde los judíos fieles se reúnen a adorar junto al río. Posiblemente se reúnan allí porque la cercanía del río les provee el agua necesaria para los ritos de purificación.

Al parecer, en ese lugar de oración hay solamente mujeres. Al menos, Hechos dice que «nos sentamos y hablamos a las mujeres que se habían reunido» (16.13). ¿Habrá alguna relación entre esto y el hecho, que Lucas subraya, de que quien Pablo vio en su visión era un «varón» macedonio? Pablo y los suyos responden al llamado de un varón, y encuentran un grupo de mujeres. Buscan una sinagoga, cuyo culto requiere un mínimo de diez varones presentes, y no hay sino un grupo de mujeres que se reúnen para orar. ¿Será quizás que, de haber visto una mujer invitándole, Pablo no hubiera creído la visión? Son sólo conjeturas, pero resulta interesante pensar en ello. En tal caso, vemos una vez más el patrón que se repite en Hechos, según el cual los apóstoles y otros líderes de la iglesia no siempre saben lo que el Espíritu desea, pero el Espíritu les dirige y usa de tal modo que a la postre se cumple su voluntad.

Entre aquellas mujeres hay una llamada Lidia. Puesto que éste es el nombre de una ciudad, algunos comentaristas piensan que ése no era su verdadero nombre, sino el apodo que le habían puesto por ser natural de Lidia. Sea cual fuere el caso, el hecho es que Lidia se dedica a vender púrpura. Éste es un negocio que requiere cierto capital, puesto que la púrpura es producto de lujo. Se trata de una tinta que se extrae de ciertos moluscos pequeñísimos, de tal modo que se requiere gran número de ellos para producir una pequeñísima cantidad de púrpura. Tan cara y lujosa era la púrpura, que las vestiduras de ese color —y hasta sólo con un poco de ese color en algún adorno— se consideraban señal de riqueza y aristocracia. Luego, Lidia no es una mujer pobre, sino pudiente.

Lidia invita a los misioneros a hospedarse en su casa. Dado el carácter de su negocio, debemos imaginar que se trata de una residencia amplia, posiblemente con varios edificios en los que se hospedan los sirvientes y empleados de la dueña. Aunque por lo general Pablo prefiere no aceptar tales invitaciones, en este caso la acepta. Posiblemente Hechos se refiera a la insistencia de Lidia al decir que «nos obligó a quedarnos» (16.15).

La muchacha adivina

Un día en que el grupo de misioneros va camino al lugar de oración, se encuentran con una joven que tiene «espíritu de adivinación» (16.16 según la traducción de Reina y Valera; «espíritu pitón» en el griego, lo cual se refiere a la pitonisa o adivina en el santuario pagano de Delfos). La joven es esclava, y sus amos usan sus dotes de adivina como negocio. Esta joven empieza a seguir a los misioneros dando voces y diciendo que «son siervos del Dios Altísimo. Ellos os anuncian el camino de salvación» (16.18). Sería de esperar que Pablo se gozara de este apoyo para su predicación; pero lo que sucede es todo lo contrario. Tras varios días en los que la joven les sigue con su anuncio, Pablo por fin se vuelve hacia ella y, en el nombre de Jesucristo, la sana. Con esto Pablo nos da un ejemplo claro de cuál ha de ser nuestra actitud en casos semejantes. Tristemente, a través de toda su historia, la iglesia ha recibido con gozo el apoyo de personas e instituciones indignas —dictadores, acaparadores de tierra y de riquezas, y otros. En base a este episodio, cabe suponer que Pablo no hubiera aceptado tal apoyo.

Los amos de la muchacha se molestan con los misioneros, que les han estropeado el negocio. Se apoderan de Pablo y de Silas y les acusan ante los magistrados de alborotar la ciudad y de predicar costumbres que se oponen a las de Roma. Sin que Lucas nos diga cómo, el pueblo se añade a la acusación. El resultado es que los magistrados los mandan azotar y encarcelar.

El carcelero de Filipos

Siguiendo orden de los magistrados, el carcelero toma custodia de Pablo y de Silas, y los coloca en el cepo «en el calabozo de más adentro» (16.24). Esta situación es paralela a la de Pedro cuando Herodes le hizo encarcelar. Tanto en aquel caso como en éste, se toman todas las precauciones posibles contra la fuga de los presos. Aun en la prisión, Pablo y Silas cantan himnos, con lo cual dan testimonio a los presos.

A medianoche, mientras el carcelero duerme, viene un gran terremoto que abre todas las puertas de la cárcel y suelta todas las cadenas —lo cual al parecer incluye el cepo en que Pablo y Silas han sido puestos. La reacción del carcelero es de desesperación. Ha fracasado en la orden que se le ha dado. Para él, no parece haber otra alternativa que el suicidio. Está a punto de cometer tal acto cuando Pablo le anuncia que nadie ha escapado.

Todo esto cambia los papeles de los protagonistas. Hasta ese momento, era el carcelero quien creía tener custodia y poder sobre Pablo y Silas. Pero ahora el orden se ha invertido, pues es el carcelero quien se arroja a los pies de ellos y les pregunta: «¿qué debo hacer para ser salvo?» (16.29).

La pregunta del carcelero puede entenderse de varios modos. Si no sabía nada del mensaje de los misioneros, posiblemente lo que está preguntando es cómo puede salvarse de las consecuencias de lo que ha sucedido. Si, por otra parte, durante el tiempo que Pablo y Silas llevan en Filipos el carcelero ha escuchado que traen un mensaje de salvación, entonces es probable que se refiera, no a su salvación física de la ira de los magistrados, sino a la salvación que estos dos presos anuncian. Si la pregunta tiene el primero de estos dos sentidos, entonces es de suponer que Pablo y Silas tomaron el tiempo necesario para hablarle acerca de la salvación que anuncian. En todo caso, la frase que Lucas pone en labios de los misioneros parece ser el resumen o el inicio de una larga conversación: «Cree en el Señor Jesucristo, y serás salvo tú y tu casa» (16.31), pues Hechos nos dice que «le hablaron la palabra del Señor a él y a todos los que estaban en su casa» (16.32). El resultado es que tanto el carcelero como «todos los suyos» son bautizados. Entonces, como una señal más del modo en que los papeles se han invertido, el carcelero lleva a los misioneros a su casa, les pone mesa, y festeja con ellos.

La vergüenza de los magistrados

Al día siguiente, los magistrados sencillamente dan órdenes para que Pablo y Silas sean puestos en libertad. No tienen el propósito de juzgarlos ni de castigarles más de lo que ya han hecho. Aparentemente, el día anterior los hicieron azotar y encarcelar, no porque pensaran que habían cometido algún crimen, sino más bien para satisfacer las demandas de los dueños de la muchacha y del pueblo enardecido. Ahora prefieren dejar las cosas como están, y darles a Pablo y a Silas la oportunidad de salir de la ciudad sin más dificultades.

La respuesta de Pablo sorprendería tanto al carcelero como a los magistrados. Una de las más venerables leyes romanas prohibía azotar a un ciudadano romano. Ahora Pablo les manda decir a los magistrados que tanto él como Silas son ciudadanos romanos, y que no están dispuestos a irse así, sin más, después que se les ha azotado públicamente. Al llegarles esta noticia, los magistrados se llenan de temor, pues son ellos quienes han violado la ley de Roma. Por eso van a la cárcel y se excusan, pidiéndoles a Pablo y a Silas que por favor salgan de la ciudad. Esto es lo que hacen los misioneros, pero no sin antes regresar a casa de Lidia y despedirse de la congregación con palabras de consuelo.

Tesalónica

Al empezar el capítulo 17 de momento nos damos cuenta de que el «nosotros» ha desaparecido. En realidad, esto sucedió antes, cuando Hechos empezó a contarnos las vicisitudes de Pablo y Silas. Pero no se nota hasta este punto, cuando al referirse a Pablo y a sus acompañantes dice que «llegaron a Tesalónica» (17.1). Esto puede deberse a que, puesto que fueron Pablo y Silas los que tuvieron que abandonar la ciudad, algunos de sus acompañantes —entre ellos el narrador— permanecieron en Filipos para fortalecer a la iglesia que quedaba allí. Aparentemente Timoteo sí es parte del grupo que va a Tesalónica, pues en las cartas de Pablo parece darse a entender que Timoteo era conocido por los tesalonicenses (1 Ts 1.1; 2 Ts 1.1).

Los viajeros pasan por Anfípolis y Apolonia, aparentemente sin intentar predicar el Evangelio, o al menos sin incidentes que Lucas considere particularmente importantes. El camino que siguen es el de la carretera romana llamada *via Egnatia*. Entre Filipos y Anfípolis, entre Anfípolis y Apolonia, y entre Apolonia y Tesalónica, hay aproximadamente unos 50 kilómetros de distancia, de modo que el viaje de Filipos hasta Tesalónica es de 150 kilómetros. A pie, el viaje tomaría bastante más de una semana. A caballo o en algún carruaje, varios días.

Lo que acontece en Tesalónica no necesita mayores explicaciones. Como en otros lugares, Pablo y sus acompañantes se dirigen ante todo a la sinagoga, donde anuncian su mensaje. Esto continúa por un período de poco más de dos semanas —tres sábados. El mensaje es el mismo de antes: Jesús el crucificado y resucitado es también el Mesías, el Cristo. Como en otros lugares, algunos de quienes les escuchan creen y se unen a los misioneros. Entre ellos hay «gran número de griegos piadosos, y mujeres nobles no pocas» (17.4). Estos «griegos piadosos» son los mismos «temerosos de Dios» a quienes hemos encontrado repetidamente. Respecto a las mujeres nobles, Lucas no nos da más explicación. Quizás se contaban entre los «temerosos de Dios» que se convirtieron. En todo caso, el atractivo del mensaje cristiano para los «temerosos de Dios» se comprende al ver que para ellos ese mensaje implicaba que podían hacerse herederos de las promesas hechas a Israel sin tener que circuncidarse o que seguir todos los preceptos de la Ley.

Esto también implica que, desde el punto de vista de los judíos que no aceptaban el mensaje, lo que los misioneros ofrecían era un judaísmo barato, sin los mismos requisitos del judaísmo verdadero, y que por tanto había que extirpar. Es por esto que, según cuenta Lucas, algunos de esos judíos que no aceptan el mensaje van y reclutan a una turba de ociosos para que alborote la ciudad. Empero, los que causan el alboroto acusan a los cristianos de ser la verdadera causa, diciendo que los misioneros que han llegado son «éstos que trastornan el mundo entero» (17.6). Esto es más importante de lo que se ve a primera vista, pues para el Imperio Romano uno de los crímenes más serios que podían cometerse era el de amotinamiento o desorden público masivo. Los acusadores están cometiendo ese crimen, pero acusan a los misioneros de ser ellos los que trastornan el orden.

Por otra parte, en cierto sentido tienen razón al decir que estos cristianos «contravienen los decretos de César, diciendo que hay otro rey, Jesús» (17.7). Ciertamente, el propósito de Pablo y de Silas no es subvertir el orden político de Roma. Pero a la larga la predicación cristiana no podía sino chocar con los intereses y la ideología del estado. Si Jesús es rey, Jesús ha de tener la última palabra; y el Imperio Romano —y en última instancia cualquier otro estado— no puede aceptar autoridad alguna por encima de él. Ésta fue la causa por la cual, poco tiempo después de los acontecimientos que Hechos narra, se desató la persecución contra los cristianos por parte del Imperio. El Emperador decía ser dios; los cristianos decían que hay un solo Dios, y se negaban a adorar la estatua del Emperador. Ante tal obstinación, las autoridades imperiales se veían obligadas a condenar y perseguir a los cristianos. Todo esto no sucedería sino algún tiempo después; pero en este episodio vemos que los paganos se van percatando de la incompatibilidad entre la fe cristiana y el absolutismo imperial.

Los amotinados no encuentran a Pablo y a Silas, y se consuelan con traer ante las autoridades a «Jasón y a algunos hermanos» (17.6). No se sabe quién puede haber sido este Jasón. Aparentemente era en su casa que Pablo y Silas se hospedaban, o que los creyentes se reunían, pues es hacia ella que primero se dirige la turba. Quizá Lucas no dice más acerca de él porque Jasón es conocido por sus lectores; pero es imposible saberlo.

Berea

Puesto que sus vidas peligraban en Tesalónica, «los hermanos enviaron de noche a Pablo y a Silas hasta Berea» (17.10). Ésta era una pequeña ciudad apartada de los caminos más transitados, y aparentemente los creyentes enviaron allá a los misioneros, bien porque tenían contactos en Berea, o bien porque pensaban que sus enemigos les seguirían por la via *Egnatia* o por cualquiera de los caminos más conocidos. Berea no está cerca de Tesalónica, sino a unos 80 kilómetros de distancia. Por tanto, el viaje tomaría varios días.

Sin dejarse arredrar por lo acontecido en Tesalónica y en tantos otros lugares, una vez más los misioneros se acercan inmediatamente a la sinagoga. Lucas nos dice que los miembros de esta sinagoga eran «más nobles» que los de Tesalónica. Lo que el texto en griego dice literalmente es que eran «mejor nacidos», lo cual en ciertos contextos puede indicar nobleza de sangre, pero en otros se refiere a la nobleza de espíritu. Es de suponerse que es a esto que Lucas se refiere, es decir, que los judíos de Berea eran más comprensivos que los de Tesalónica, y menos dados a usar de medios tales como una turba amotinada.

Aparentemente, el mensaje de los misioneros es bien recibido, pues Lucas no dice una palabra sobre oposición alguna por parte de los miembros de la sinagoga. Al contrario, dice que «recibieron la palabra con toda solicitud» (17.11), y que se dedicaron a estudiar las Escrituras diariamente para confirmar lo que Pablo y Silas les decían. Como resultado de ese estudio, «muchos de ellos creyeron, y de los griegos, mujeres distinguidas y no pocos hombres» (17.12). Una vez más, es imposible saber por qué Lucas subraya lo de las «mujeres distinguidas». Quizá esto se deba a que en la sociedad grecorromana las mujeres nobles tenían más independencia que las de clases más bajas. Luego, podían tomar respecto a su religión decisiones que para otras mujeres se hacían difíciles.

Empero, por fin llega la voz a Tesalónica de lo que está ocurriendo en Berea. Los mismos judíos que en Tesalónica crearon el alboroto se ocupan de que algo semejante suceda en Berea. En consecuencia, una vez más los misioneros se ven obligados a seguir su camino.

Los versículos que siguen presentan uno de los pocos casos en que Lucas nos da detalles acerca de qué rumbo tomó cada uno de los miembros del grupo. Los creyentes hacen sacar a Pablo «en dirección al mar» (17.14). Silas y Timoteo permanecen en Berea —quizá porque el motín iba dirigido específicamente contra Pablo. Los que tienen a cargo la salida de Pablo lo llevan hasta Atenas, donde Pablo ha de esperar la llegada de Silas y de Timoteo. El hecho de que Pablo tuviese la compañía de un grupo de hermanos hasta llegar a Atenas ha hecho a algunos dudar que haya ido por mar, pues tal escolta sería necesaria solamente en caso de viajar por tierra. Pero Lucas no dice una palabra acerca de las ciudades que habría que pasar yendo por tierra desde Berea hasta Atenas. Por ello, lo más probable es pensar que cuando Lucas dice que salió «en dirección al mar» está indicando que Pablo y los hermanos de Berea fueron hasta Atenas por mar.

Atenas

Pablo está en Atenas, no inmediatamente con el propósito de predicar el Evangelio, sino sencillamente esperando la llegada de Silas y Timoteo. En el entretanto, no puede sino ver el gran número de templos y de dioses que hay en Atenas. Hasta el día de hoy, las ruinas de algunos de los templos de Atenas asombran a quienes los visitan. Bien podemos imaginarnos a Pablo, mirando hacia la altura del Acrópolis —la «ciudad alta» donde se había fundado Atenas— y viendo brillar allí el Partenón, es decir, el gran templo a la diosa Atenas. Junto a él había varios otros templos. Más abajo en la ciudad, posiblemente más impresionante todavía que el Partenón, se encontraba el gran templo a Zeus, del cual hoy sólo quedan en pie unas pocas columnas —pero cada una de ellas basta para despertar la admiración de quien las ve. En los tiempos de Pablo, además de esos grandes templos, había muchísimos otros —algunos de ellos meros templos familiares, construidos en memoria de algún gran acontecimiento en la vida de una familia, o en memoria de los ancestros y su relación con los dioses, y otros construidos para agradecerles alguna victoria a los dioses. Para hacer todo esto todavía más sorprendente, la propia ciudad de Atenas había perdido mucha de su antigua gloria y riqueza, de modo que buena parte de lo que quedaba de su antiguo esplendor era precisamente esa multitud de templos.

Pablo, como buen judío y cristiano, se molesta ante tanta idolatría. Por ello, además de discutir en la sinagoga con los judíos, discute «en la plaza» cada día con cualquiera que se presente. Esta «plaza» parece ser la famosa *ágora* de Atenas, donde muchos de los sabios más distinguidos de la antigüedad habían propuesto y discutido sus opiniones. Atenas fue siempre famosa por sus grandes filósofos. Luego, Pablo está discutiendo su fe en el centro mismo de la actividad filosófica de la antigüedad.

Es por eso que algunos filósofos discuten con él. Lucas nos dice que estos filósofos eran «de los epicúreos y de los estoicos» (17.18). Éstas eran entonces las dos grandes escuelas filosóficas que se disputaban la supremacía. Los epicúreos creían que la medida de la verdad es el placer. Según ellos, no existe más que lo material, compuesto de innumerables átomos, y el placer consiste en la armonía entre esos átomos. Luego, lo que el sabio ha de buscar es el placer. Aunque más tarde el término «epicúreo» se ha empleado para referirse a una persona que lleva una vida licenciosa y desenfrenada, tal no era la enseñanza de los antiguos epicúreos. Al contrario, para ellos el verdadero placer es cuestión de equilibrio, y ese equilibrio requiere la sabiduría en el disfrute de los placeres. (Por ejemplo, comer demasiado puede ser placentero de momento, pero no es sabio, porque el exceso después producirá sentimientos no placenteros.)

Por su parte, los estoicos sostenían que hay un orden en todo el universo. Ese orden es la «ley natural», que hace que las cosas sean como son, que los acontecimientos sucedan como suceden, y que los sabios sepan cómo ajustarse a la realidad. Esa realidad es invencible. Luego, lo que el sabio hace no es luchar por cambiar la realidad, ni oponerse a ella, sino sencillamente aceptarla. Es por esto que los estoicos decían que no había por qué quejarse por el dolor. El dolor es parte del orden natural. Si algo nos duele, no podemos cambiarlo por mucho que gritemos. Luego, el sabio sencillamente se calla y acepta el dolor.

Ahora Pablo, en la plaza de Atenas, se enfrenta a ambas escuelas filosóficas, y los filósofos se preguntan quién es éste que se atreve a presentarse ante ellos. Le llaman «palabrero», es decir, lo que hoy llamaríamos «papagayo» o «cotorra», una persona que habla sin saber lo que dice. La palabra que emplean para ello se refiere a un pájaro que anda picoteando por todas partes recogiendo semillas. Tal ave no sigue camino alguno de sabiduría, sino que va picoteando de acá para allá, tomando en cada lugar lo que le conviene, y a veces hasta picoteando piedras que de nada le sirven. (En español, decimos que alguien «anda mariposeando».) Es así que los filósofos clasifican a Pablo: ha recogido pedacitos de sabiduría de aquí y de allá, pero junto a esa sabiduría hay mucha necedad, y el propio Pablo no distingue entre lo uno y lo otro, ni sigue el camino de ninguna de las escuelas establecidas. Además, oyéndole predicar, piensan que su doctrina consiste en anunciar nuevos dioses: Jesús y la resurrección (17.18). En griego, «resurrección» es *anastasis*, nombre femenino, por lo cual aparentemente piensan que Pablo predica una pareja de dioses, uno de ellos con este extraño nombre de «Jesús», y la otra con el nombre más conocido de «Resurrección» (*Anastasis*).

Para escuchar lo que Pablo dice —y quizás para burlarse de él— le llevan al Areópago. Originalmente el Areópago era una colina cerca del centro de la ciudad, donde se reunía el consejo de Atenas, y donde más tarde se reunían también a veces los filósofos y maestros. Ahora el consejo no se reunía ya en la colina, sino en un edificio construido con ese propósito cerca de la plaza. Por extensión, se le llamaba a ese edificio el «Areópago». Por tanto, no está claro si Pablo fue llevado a la colina o al edificio. Sin embargo, puesto que no se trataba de un asunto oficial del consejo de la ciudad, sino más bien de una discusión informal entre filósofos, lo más probable es que le hayan llevado a la colina que siempre tuvo el nombre de Areópago.

En el Areópago, estos filósofos, unos estoicos y otros epicúreos, le piden a Pablo que les explique en qué consiste esta nueva doctrina que está enseñando. De pasada, Lucas hace un comentario aparte, en el sentido de que los atenienses tienen fama de estar constantemente curioseando y buscando algo nuevo —lo mismo que los atenienses dicen del «palabrero» Pablo.

Viene entonces el discurso de Pablo en el Areópago, que ha sido objeto de mucho estudio y discusión por parte de los cristianos, quienes buscan en él indicios del modo en que Pablo entendía la relación entre su fe y la filosofía de la época.

Como era entonces costumbre —y lo es todavía— Pablo empieza su discurso con unas palabras de encomio hacia su audiencia. Les dice que piensa que son «muy religiosos», y que la razón por la cual piensa esto es que, deambulando por la ciudad y sus templos, se ha topado con una inscripción dedicada «Al dios no conocido».

Tomando esa inscripción como punto de partida, les dice a sus oyentes que el Dios a quien él viene a anunciarles es precisamente este «dios desconocido» a quien ellos ya rinden honor, aunque no le conozcan. Pero entonces Pablo le da un giro particular a su discurso. Probablemente el propósito de la inscripción en cuestión no era adorar al Dios Supremo, sino más bien asegurarse de que, si entre tantos dioses que se adoraban en Atenas alguno había quedado olvidado, a ése se le rindiera también culto. Luego, este «dios desconocido» probablemente no era en la mente de los atenienses sino un dios de segunda o tercera clase. Pero Pablo aprovecha la inscripción para hablar del único Dios, el Ser Supremo, por quien todas las cosas han sido hechas. Ese Dios —les dice Pablo— no necesita que le adoren, y mucho menos mediante ídolos creados por los humanos. Al contrario, es ese Dios «quien da a todos vida, aliento y todas las cosas» (17.25). Además, Pablo les declara ahora a sus oyentes que este Dios Supremo ha hecho a la humanidad con cierto propósito, y que la ha hecho «de una sangre» (17.26). Esto quiere decir que todos los humanos son parte de una misma creación de Dios, y que para todos Dios tiene un propósito. Ese propósito es «que habiten sobre toda la faz de la tierra» y «que busquen a Dios» (17.26-27).

En este punto en su discurso, Pablo apuntala su argumento con dos citas de los profetas griegos —citas algo alteradas, pero reconocibles. Éstas son «en él vivimos, nos movemos y somos» y «linaje suyo somos». De este modo, sutilmente, Pablo les da a entender que él también es persona culta, y sabe de lo que está hablando. Hasta aquí, entonces, parece que su discurso es recibido, si no con aceptación, al menos con respeto. Lo que es más, mucho de lo que Pablo va a decir ahora acerca de los dioses griegos ya lo han dicho desde mucho antes filósofos como Sócrates y Platón, quienes criticaron a los dioses por ser hechos en figura de seres humanos, y por comportarse peor que los humanos mismos. Pablo dice que «no debemos pensar que la divinidad sea semejante a oro, o plata, o piedra, escultura de arte o imaginación de hombres» (17.29).

Pero en el versículo 30 las cosas cambian, y al llegar al 31 ya Pablo está diciendo mucho que su audiencia no puede aceptar. Para estos filósofos, lo importante son las verdades abstractas, más bien que los acontecimientos. Empero, Pablo les dice «ahora», es decir, en estos nuevos tiempos (17.30), y pasa entonces a hablarles de una serie de acontecimientos y expectativas que contradicen las opiniones de los presentes. Una de esas expectativas es que Dios va a juzgar al mundo «con justicia». Si algo les faltaba a los dioses griegos, era la justicia, pues se atropellaban, recelaban y se engañaban unos a otros. Pero lo peor de todo es que Pablo ahora les habla de «aquél varón que designó» (1.30) —y es de suponer que, aunque Lucas no lo diga en este resumen del discurso, Pablo les contaría la historia de Jesús. Por fin, al llegar al punto de la resurrección de Jesús, su audiencia no puede más. La filosofía griega se caracterizaba por su desprecio del cuerpo, y cuando hablaba de una vida tras la muerte se refería únicamente a la inmortalidad del alma. ¡Pero ahora Pablo les habla de la resurrección! Por eso nos dice Lucas que «cuando oyeron lo de la resurrección de los muertos, unos se burlaban y otros decían: "Ya te oiremos acerca de esto otra vez"» —es decir, «déjalo para otro día».

Al final del discurso, nos percatamos de dos cosas. Primera, que después de empezar diciéndoles a los atenienses que les va a hablar del que ellos consideran el «dios desconocido», Pablo hace un giro y termina hablándoles de cómo el Dios Supremo —muy por encima de cualquier supuesto «dios desconocido»— se ha revelado. Segunda, que Pablo hace lo posible por ganarse la buena voluntad de su audiencia, para que le escuchen; pero no está dispuesto a presentar un mensaje distorsionado o trunco sencillamente para que lo acepten. La medida última de la buena predicación no es la popularidad, sino la verdad.

A pesar de que su audiencia se burla de Pablo, nos dice Hechos, «algunos de los que se le habían juntado, creyeron» (17.34). Lucas menciona específicamente a dos de ellos: Dionisio «el areopagita» —lo cual parece indicar que era miembro del consejo que se reunía en el Areópago— y Dámaris. Aunque Hechos no dice nada más acerca de ellos, hay antiguas tradiciones que dicen, algunas, que Dionisio y Dámaris eran marido y mujer; y otras, que Dionisio fue el primer obispo de Atenas —y hasta el día de hoy la catedral ortodoxa de Atenas es la Catedral de San Dionisio. Siglos más tarde, alguien escribió varias obras místicas pretendiendo ser Dionisio. Puesto que Dionisio había sido discípulo directo de Pablo, estos escritos tuvieron gran influencia durante toda la Edad Media, hasta que, precisamente a fines de esa época, se descubrió que su autor no fue en realidad Dionisio el areopagita.

Corinto

Por alguna razón que Lucas no explica, Pablo decide no seguir esperando por Silas y Timoteo en Atenas, sino que va a Corinto. Corinto era un puerto de mar famoso por la vida licenciosa y desordenada. Tanto era así, que en el lenguaje popular «corintear» era precisamente dedicarse al vicio y la lujuria. (Algo de esto se ve también en las dos epístolas de Pablo a los corintios. Véase sobre ellas el volumen correspondiente en esta serie.)

En Corinto, Pablo conoce a una pareja que va a ser importante en todo su ministerio. Se trata de dos judíos, Aquila y Priscila. (En sus epístolas, Pablo se refiere, no a «Priscila», sino a «Prisca». Su verdadero nombre era «Prisca», y «Priscila» es un diminutivo cariñoso, como «Rosita» para «Rosa». Aparentemente, Lucas siente más familiaridad y confianza con ella, y por tanto le da el nombre de más cariño, mientras Pablo le da el de más respeto.)

El dato de Hechos, que «Claudio había mandado que todos los judíos salieran de Roma» (18.2), lo confirma un historiador romano. Lo que este historiador dice es que entre los judíos de Roma se creó un disturbio tal que el emperador Claudio los mandó a todos a salir de la ciudad. Dice además que la razón del disturbio fue cierto «Cresto». Muchos estudiosos piensan que se trata en realidad de «Cristo», y que lo que sucedió en Roma fue algo parecido a lo que hemos visto repetidamente en el libro de Hechos: llegaron unos predicadores cristianos, quienes convencieron a algunos judíos; pero otros se enardecieron contra ellos. Si tal es el caso, es índice de que ya para esta fecha —bastante antes de la visita de Pablo, y probablemente también antes de cualquier visita por parte de Pedro— había ya un fuerte núcleo cristiano en Roma. Por los historiadores romanos sabemos que la expulsión de los judíos tuvo lugar en el año 49. Luego, Priscila y Aquila deben haber llegado a Corinto hacia fines del 49 o durante el 50. Poco después llegó Pablo.

Lucas no menciona la conversión de Priscila y Aquila. Por tanto, es de suponerse que eran cristianos antes de la llegada de Pablo, y que cuando surgió el disturbio en Roma, ellos se contaban entre los judíos cristianos, y no entre los otros.

Además de todo esto, Aquila tenía otra cosa en común con Pablo: los dos eran fabricantes de tiendas. Aunque los eruditos discuten exactamente qué era ese oficio, de lo que no cabe duda es que Pablo buscaba mantenerse a sí mismo y a sus acompañantes mediante su trabajo. Es por eso que por lo general le vemos predicando los sábados, y no todo el tiempo. Dado su oficio común, era lógico que Pablo se hospedase en casa de Aquila, donde surgió una amistad que continuaría por largos años.

Es en Corinto que Silas y Timoteo por fin alcanzaron a Pablo. Dice Hechos que en ese entonces Pablo «estaba entregado por entero a la predicación de la palabra». Esto parece dar a entender que no estaba trabajando en su oficio de hacer tiendas. Algunos han sugerido que, viendo el impacto que Pablo hacía predicando la palabra, Aquila y Priscila decidieron sostenerle económicamente, para que pudiera dedicarse de lleno a esa obra.

En Corinto sucede una vez más lo que hemos visto en tantos otros lugares. Surge fuerte oposición en la sinagoga. Pero en este caso, en lugar de salir de la ciudad, Pablo sencillamente se sacude el polvo de sus vestiduras (en señal de rechazo) y declara que «desde ahora me iré a los gentiles» (18.6). Si recordamos que ya en su primer viaje, en Antioquía de Pisidia, Pablo había hecho una resolución semejante, comprenderemos que no se trata de que Pablo se va a desentender de los judíos, sino más bien de que se convence cada vez más de que su tarea es llevarles el Evangelio a los gentiles.

Como sitio donde enseñar y predicar, Pablo escoge entonces la casa de cierto Justo, «temeroso de Dios» —recuérdese que esto quiere decir que es un gentil que sigue buena parte de la religión judía, pero no se ha hecho judío. Sea a propósito o no, resulta que esta casa está junto a la sinagoga —lo cual no debe haber sido del agrado de los judíos que no aceptaban la predicación de Pablo.

Por otra parte, no toda la sinagoga rechaza a Pablo. Lucas nos dice que entre quienes creyeron el Evangelio se contaba «Crispo, alto dignatario de la sinagoga» (18.8), quien se convirtió «con toda su casa». (En 1 Co 1.14, Pablo hace mención de haber bautizado a Crispo.) Además, también creyeron «muchos de los corintios» (18.8) —es de suponerse que muchos de ellos no fuesen judíos, sino gentiles.

Lucas nos dice entonces que en una visión nocturna Pablo recibió palabra de seguridad por parte del Señor, y que se quedó en Corinto un año y medio.

Pablo ante Galión

Empero la oposición continúa. Los judíos que resienten las enseñanzas de Pablo le acusan ante Galión, el procónsul de Acaya (la provincia donde estaba Corinto). Por otros datos históricos sabemos que este procónsul, respetado de todos por su sentido de justicia, era hermano de Séneca, y que fue procónsul de Acaya del 51 al 52. Luego debe haber sido por esos años que Pablo estuvo en Corinto —y esto concuerda con el dato de la expulsión de los judíos de Roma en el año 49.

A Pablo se le acusa de persuadir a sus seguidores «a honrar a Dios contra la Ley» (18.12). De momento parecería que están acusándole de sedicioso contra la ley romana. Pero tan pronto empieza el juicio, Galión se percata de que se trata de un debate doctrinal, y declara que no es asunto de su incumbencia. Lo que es más, tras decirles a los acusadores que el juicio no correspondía, «los echó del tribunal» (18.16).

Hechos nos dice entonces que «los griegos» —aunque algunos manuscritos dicen «todos»— golpearon a un alto funcionario de la sinagoga de nombre Sóstenes. Por qué lo harían, no está claro. Si en verdad fueron los griegos, lo harían por añadirle burla a la vergüenza que los judíos acababan de pasar. Si fueron los judíos —como algunos manuscritos parecen indicar— entonces posiblemente lo hicieron porque Sóstenes, al igual que su predecesor Crispo, se inclinaba hacia el cristianismo. Una razón para suponer esto es que más tarde Pablo, al escribirles a los corintios les dice que «Sóstenes» está con él en Efeso, y junto a él les escribe a los corintios. Si este Sóstenes es el mismo que se menciona aquí en Hechos, entonces cabe pensar que se había dejado persuadir por Pablo, y que es por eso que le golpean.

El regreso

Pablo permanece en Corinto «muchos días» (18.18). Si estos días son además del año y medio que se menciona en 18.11, o si son parte de ese año y medio, no está claro. En todo caso, a la postre Pablo se despide de los fieles de Corinto y parte rumbo a Siria —es decir, a Antioquía, la capital de Siria, donde había comenzado este largo viaje. Junto a él parten también Priscila y Aquila. Para ese viaje de regreso, es necesario ir primero a través del estrecho istmo de Corinto hasta Cencrea, que es el puerto de Corinto hacia el Mar Egeo (el mar al este de Grecia). Allí, según nos informa Hechos, «se rapó la cabeza» (18.18). El texto griego puede entenderse en el sentido de que fue Pablo quien se rapó, o también en el sentido de que fue Aquila. Tampoco está claro en qué consistía el «voto» de quien se rapó —probablemente Pablo. En todo caso, el gesto mismo muestra que los judíos cristianos —Aquila y Pablo entre ellos— continuaban observando los votos y muchas de las costumbres judías.

De Cencrea, el grupo navega hasta Efeso, ciudad que se encuentra también sobre el Egeo, pero en la costa opuesta. En Efeso Pablo comienza a dialogar con los judíos, y aparentemente su mensaje es bien recibido, pues le piden que se quede por más tiempo. Pero Pablo quiere llegar a Jerusalén para «la fiesta que viene» —cuál fiesta, no se sabe— y por ello se despide de ellos y zarpa para continuar el viaje. En Efeso permanecen Priscila y Aquila, como se dice en 18.19, y se verá más adelante.

Tercer viaje de Pablo

(Hechos 18.23–20.38)

Pablo llega a Antioquía y sale de nuevo

En lugar de ir primero a Siria, el barco que Pablo toma en Efeso va a Cesarea, el puerto que sirve a Jerusalén. Pablo va a Jerusalén a saludar a la iglesia, y probablemente para la celebración de la fiesta a que se ha referido antes. Llega por fin de regreso a Antioquía, y permanece allí «algún tiempo» (18.23). Entonces sale de nuevo y recorre «la región de Galacia y de Frigia» (18.23) —es decir, la región que él y Bernabé habían visitado en su primer viaje. Sobre esta primera etapa de su tercer viaje, Hechos no dice más. Es de suponer que Pablo pasó algún tiempo en cada una de las ciudades mencionadas en el primer viaje. Pero lo que le interesa a Lucas es lo nuevo, y por tanto no dice más al respecto.

La situación en Efeso

Mientras Pablo está dando todas estas vueltas, llega a Efeso «un judío llamado Apolos, natural de Alejandría». Apolos es un predicador elocuente e instruido, y por tanto hace gran impacto en la comunidad. Pero nos dice Lucas que su doctrina era deficiente, pues «conocía sólo el bautismo de Juan» (18.25). Los eruditos debaten sobre el sentido exacto de esas palabras. Aparentemente, lo que Apolos predicaba era un llamado al arrepentimiento. Quizás no le prestaba suficiente atención al modo en que la muerte y resurrección de Jesús iniciaron un nuevo día. En todo caso, lo que resulta interesante en este episodio es que Priscila y Aquila toman aparte a Apolos y le enseñan «con más exactitud el camino de Dios» (18.26). Nótese que Hechos menciona a Priscila primero. Tal es su costumbre después de la presentación inicial de esta pareja. Según las costumbres de la época, esto da a entender que es Priscila la más importante. En el episodio que estudiamos ahora, resulta entonces que tenemos el caso de una mujer que enseña teología, y que se la enseña a un predicador aparentemente elocuente y educado.

Después de esto, Apolos decide ir a Acaya —es decir, a Corinto. Los creyentes en Efeso le recomiendan a sus hermanos en Corinto, y Apolos es bien recibido en esa iglesia. (En la Primera Epístola de Pablo a los Corintios, vemos que continuó predicando allí por algún tiempo. Aparentemente, algunos decían ser de su partido, en contraposición a otros. Pero no hay indicio alguno de que Apolos fomentara ésta o las otras divisiones que había en la iglesia de Corinto.)

Pablo en Efeso

El episodio de Apolos en Efeso aparentemente tiene lugar mientras Pablo, tras haber salido de Antioquía, está viajando por las regiones de Frigia y Galacia. Cuando Pablo llega a Efeso, ya Apolos está en Corinto.

En Efeso Pablo encuentra a un grupo de discípulos que ni siquiera han escuchado acerca de la existencia del Espíritu Santo. Esto resulta sorprendente, dado el interés que Priscila y Aquila han demostrado en la doctrina correcta. Pero hay que notar que en este pasaje no se menciona a la pareja, la que al parecer había partido antes de que llegara Pablo. El propio Pablo más tarde, al escribirles a los romanos, les manda saludos a Priscila y Aquila (Ro 16.3). Por tanto, parece que la pareja decidió regresar a Roma, y que partió antes de la llegada de Pablo a Efeso —o al menos antes del episodio que se cuenta en el capítulo 19. Puesto que Lucas nos dice que estos discípulos solamente habían sido bautizados «en el bautismo de Juan» (19.3), y ésta es la misma frase que empleó antes para referirse a la deficiencia teológica de Apolos, es probable que estos discípulos, o bien habían aprendido de Apolos antes de que Priscila y Aquila le tomaran aparte, o bien pertenecían al mismo círculo de donde Apolos había aprendido. En todo caso, ahora vemos que la deficiencia de estos discípulos consiste en dos cosas: Primera, ni siquiera saben que hay Espíritu Santo. Segunda, no saben que Jesús es el cumplimiento del anuncio de Juan el Bautista —y de todos los profetas. Pablo entonces les instruye mejor y les bautiza «en el nombre del Señor Jesús» (19.5), y ellos reciben el Espíritu y empiezan a profetizar y a hablar en lenguas.

Lo que sigue es muy parecido a lo que Lucas nos cuenta que sucedió en otros lugares. Pablo va a enseñar en la sinagoga, y puede hacerlo por espacio de tres meses. Pero a la postre la oposición es tal que Pablo y los que han creído su anuncio se apartan de la sinagoga y buscan otros lugar donde reunirse. Así como en Corinto se habían reunido en la casa de Justo (18.7), ahora en Efeso empiezan a reunirse «en la escuela de uno llamado Tiranno» (19-10). Allí continuó enseñando dos años más, lo cual hizo que toda la provincia de Asia tuviera oportunidad de escuchar el Evangelio.

Los exorcistas maltrechos

Una vez más Lucas nos dice que Dios hacía maravillas por mano de los apóstoles. En este caso, dice que las gentes se sanaban cuando les llevaban prendas que habían sido tocadas por Pablo. El resultado de esto es que algunos exorcistas ambulantes deciden hacer lo mismo, y van entonces tratando de sanar enfermos diciéndoles a los espíritus malignos: «¡Os conjuro por Jesús, el que predica Pablo!» (19.13). Entre ellos, Lucas nos cuenta de siete hermanos. Nos dice que eran «hijos de un tal Esceva, judío, jefe de los sacerdotes» (19.14). Pero de este Esceva no se sabe más que lo que dice Lucas en este pasaje.

Los siete hijos de Esceva van entonces y, como otros exorcistas ambulantes, tratan de emplear el nombre de Jesús como fórmula mágica para sanar enfermedades. Empero la respuesta del espíritu maligno, en lugar de huir, es burlarse de ellos. Hay un tono irónico y hasta de mofa en su respuesta: «A Jesús conozco y sé quién es Pablo, pero vosotros, ¿quiénes sois?» (19.15). Acto seguido el enfermo salta sobre ellos y les da una buena paliza, hasta que los presuntos exorcistas salen huyendo.

Resulta interesante notar que el espíritu maligno dice reconocer a Jesús, y al menos saber algo de Pablo. En su vida, Jesús se enfrentó al espíritu del mal, primero en el desierto, y por último en la cruz, cuando el maligno creyó haberle vencido. La resurrección marcó el triunfo definitivo de Jesús sobre el maligno. Por tanto, no es sorprendente que el espíritu maligno le reconozca y reconozca su poder. En cuanto a Pablo, el maligno ha querido hacerle caer repetidamente, haciéndole pasar por angustias, cárcel y azotes. Pero Pablo se ha mantenido firme. Por tanto, tampoco es sorprendente que el espíritu maligno diga que sabe quién es Pablo. Pero estos siete exorcistas que reclaman el poder y la autoridad de Jesús y de Pablo, ¿con qué derecho lo hacen? El maligno sabe que carecen del poder de Jesús y de la autoridad de Pablo, y por tanto se burla de ellos y les da una paliza.

A través de la historia, siempre ha habido cristianos que han querido reclamar el poder de Jesús, pero sin enfrentarse a los sufrimientos que el maligno usaría para quebrantar su fe. Por ello, al tiempo que reclaman el poder de Jesús (y algunos hasta venden «pañuelos bendecidos») los poderes del mal no les obedecen. En tales caso, casi puede uno oír al demonio diciéndoles: «A Jesús conozco y sé quién es Pablo, pero vosotros, ¿quiénes sois?»

Por otra parte, al ver el poder de Pablo y la debilidad de estos presuntos exorcistas, muchos creen y hasta abandonan sus antiguas prácticas mágicas. Los libros a que se refiere Hechos 19.19, producidos en Efeso, eran famosos en toda la cuenca del

Mediterráneo, donde se les conocía como «libros efesinos», y se les consideraba de gran valor. Es por ello que Lucas nos dice que el valor de los libros quemados ascendía a «cincuenta mil piezas de plata» (19.19).

Pablo se prepara a continuar su viaje

Tras pasar más de dos años en Efeso, Pablo decide que es tiempo de continuar su camino, y empieza a hacer los arreglos necesarios para ir a Macedonia y Acaya. Éstas eran las provincias donde estaban Filipos, Tesalónica y Corinto, ciudades en las que Pablo había fundado iglesias y con las cuales mantuvo correspondencia. (Recuérdese que en el Nuevo Testamento hay una carta de Pablo a los filipenses, dos a los tesalonicenses y otras dos a los corintios.) Como adelantados para preparar su llegada, manda a dos de sus ayudantes, Timoteo —de quien ya hemos leído antes— y Erasto, mientras él permanece por un tiempo en Asia —es decir, en Efeso.

El alboroto de los plateros

Surge entonces un gran alboroto en Efeso. La raíz de todo el asunto está en que la predicación de Pablo amenaza dañarles el negocio a los plateros. Efeso es conocida por su famoso templo de Diana, o de Artemisa —del cual hoy no queda en pie más que una columna solitaria. Allí había una piedra con forma humana que se decía haber caído del cielo —probablemente un meteorito. Allí se había adorado desde tiempos ancestrales a la diosa que se decía esa piedra representaba. Más tarde, con la conquista de la región por parte de los griegos, se comenzó a decir que la diosa era la diosa griega Artemisa, y se construyó en el lugar el gran templo a Artemisa. Algún tiempo después, al llegar los romanos, dijeron que Artemisa era la misma que la diosa romana Diana, y declararon por tanto que a quien allí se adoraba era a Diana. Gracias a ese culto ancestral, el templo de Diana (o de Artemisa), donde ahora había una gran estatua de la diosa, era centro de peregrinación para todas las gentes del Mediterráneo. Naturalmente, Efeso se enriquecía gracias al tráfico de peregrinos.

Entre quienes viven de ese tráfico se cuentan los plateros, quienes se dedican a hacer pequeñas réplicas del gran templo de Diana, para vendérselas a los peregrinos. Pero ahora Pablo y sus seguidores andan «diciendo que no son dioses los que se hacen con las manos» (19.26). Por ello, uno de los plateros, Demetrio, suscita oposición a Pablo, primero entre sus colegas y empleados, y luego entre toda la población. Leyendo este pasaje, resulta interesante ver cómo se conjugan y se confunden los intereses materiales con el fervor religioso. Demetrio empieza diciendo que «hay peligro de que este nuestro negocio venga a desacreditarse», pero añade que hay también peligro de «que el templo de la gran diosa Diana sea estimado en nada y comience a ser destruida la majestad de aquélla a quien venera toda Asia y el mundo entero» (19.27). Los plateros inician el alboroto porque sus intereses materiales se ven amenazados. Pero a ellos se une la multitud en defensa, no de los intereses de los plateros, que ya no figuran para nada, sino de su diosa Diana.

Los amotinados salen entonces a la calle gritando, «¡Grande es Diana de los Efesios!», con el resultado de que la confusión aumenta, y todos van corriendo hacia el teatro. Éste era una gran construcción cuyas ruinas todavía hoy son imponentes. Camino al teatro, les echan mano a dos de los compañeros de Pablo, Gayo y Aristarco, y los arrastran consigo. El propio Pablo quiere salir a hablarle al pueblo, pero sus amigos, probablemente con razón, no se lo permiten. Hasta algunos funcionarios oficiales, amigos de Pablo, le ruegan que no vaya al teatro, aparentemente porque su presencia, en lugar de calmar los ánimos, será como echarle aceite al fuego.

La confusión reina. Todos gritan. Pero unos gritan una cosa y otros otra, y ya ni se sabía por qué se había formado el alboroto. Un tal Alejandro, de quien no se sabe más que lo que aquí se dice, pero que aparentemente era cristiano judío, es empujado por otros judíos, al parecer para que la furia del pueblo se desate contra él. Alejandro intenta hablar, pero no puede. Ahora el pueblo está amotinado contra todo lo que parezca amenazar su culto a Diana. Por ello, al ver que Alejandro es judío, en lugar de escucharle como él desea, sencillamente gritan «¡Grande es Diana de los Efesios!»

El alboroto dura casi dos horas, hasta que el escribano de la ciudad por fin puede hacerse oír y les dice que no hay por qué preocuparse por el prestigio de su diosa Diana. Todos saben —dice el escribano— que aquí en Efeso está «la imagen venida de Júpiter» (19.35) —es decir, caída del cielo. Nadie puede negar tal cosa, ni tampoco su poder. Les pide entonces que se calmen, y «que nada hagáis precipitadamente», porque los que han sido arrastrados al teatro no han blasfemado contra la diosa. Además, si Demetrio y los demás plateros tienen alguna razón de pleito legal contra ellos, lo que tienen que hacer es ir a las autoridades establecidas y seguir el procedimiento legal. Y termina con palabras que bien pueden haber causado espanto entre los amotinados: esta reunión no es una asamblea legítima, y por tanto a toda la ciudad se le puede acusar de sedición, «ya que no hay causa alguna por la cual podamos dar razón de este alboroto» (19.40).

Parea entender por qué esas palabras bien pueden haberles dado escalofríos a los amotinados, hay que tener en cuenta que el crimen de desorden público o sedición era una de las acusaciones más serias que se le podía hacer a toda una ciudad o población. Hubo casos en los que un alboroto en alguna ciudad fue castigado con matanzas indiscriminadas. Luego, al señalarles a los efesios que sus acciones bien pueden ser entendidas como sediciosas, el escribano les está haciendo una advertencia muy seria. Es por eso que al final del pasaje el escribano no tiene que hacer más que despedir la asamblea. Es de suponer que tras escuchar su advertencia muchos estarían buscando el modo de salir del teatro y regresar calladamente a sus hogares.

Pablo viaja por Macedonia y Grecia

En unos pocos versículos, Lucas cuenta un viaje que debe haber tomado varios meses. En ese viaje por Macedonia y Grecia, Pablo debe haber estado al menos varias semanas en cada una de las principales iglesias fundadas allí: en Filipos, Tesalónica y Corinto. Se prepara entonces a embarcarse para Siria cuando se entera de lo que parece ser una conspiración por parte de sus enemigos judíos. Por ello, en lugar de ir por barco, regresa por tierra, recorriendo a la inversa parte del camino andado, hasta llegar a Filipos.

Aquí, cosa rara en todo el libro de Hechos, Lucas nos da una lista de los que viajan con Pablo por tierra hasta Filipos. A continuación, la lista de los nombres, y junto a cada cual los pasajes en el Nuevo Testamento donde se les menciona o se dice algo más sobre ellos:

Sópater (nada)

Aristarco (Hechos 19.29; 27.2)

Segundo (nada)

Gayo (Hechos 19.29; Romanos 16.23; 1 Corintios 1.14)

Timoteo (Personaje importante en toda la narración, que aparece repetidamente tanto en Hechos como en la literatura paulina)

Tíquico (Efesios 6.21; Colosenses 4.7; 2 Timoteo 4.12; Tito 3.12)

Trófimo (Hechos 21.29; 2 Timoteo 4.20)

De Filipos, parte del grupo zarpa para Troas y otra parte permanece con Pablo para ir después. No está claro si quienes se adelantaron son todos éstos cuyos nombres se dan. En todo caso, el narrador (¿Lucas?) es parte del grupo que permanece con Pablo, pues dice acerca de los otros que «nos esperaron en Troas» (20.5). Como vemos, aquí vuelve a aparecer el «nosotros», sin que se nos diga cuándo se unió al grupo.

Todos se reúnen entonces en Troas, al lado asiático del estrecho que separa a Europa de Asia. Allí permanecen siete días. Es durante esa semana, el domingo, que ocurre el episodio del joven Eutico. Hechos nos dice que esto sucedió «el primer día de la semana, reunidos los discípulos para partir el pan» (20.7). Como hemos visto anteriormente, el partimiento del pan —la comunión— era el centro del culto cristiano. Se celebraba normalmente el domingo, al que llamaban «el día del Señor» por ser el día de la resurrección de Jesús. Si el culto en tiempos de Pablo era como aquéllos de que tenemos noticias algo más tarde, consistiría de dos partes principales. Durante la primera —el «servicio de la Palabra»— se enseñaban las Escrituras. Esto era algo así como el sermón de hoy. Se basaba en la Biblia —es decir, la Biblia hebrea que existía entonces, lo que hoy llamamos el Antiguo Testamento— y el predicador explicaba el texto bíblico y lo que implicaba para la fe cristiana y para la vida del creyente. Pero, como en ese tiempo era muy difícil que alguien tuviese una Biblia en su casa, y ésta era la única ocasión en que la iglesia se reunía para escuchar la lectura de la Biblia y aprender de sus enseñanzas, frecuentemente este «servicio de la Palabra», al que seguía el «servicio de la mesa», se extendía por varias horas.

Esto es lo que sucede ese domingo. La iglesia se reúne al empezar el día —que para ellos era la puesta de sol del sábado. Pablo continúa predicando hasta medianoche —aparentemente porque tenía que salir de viaje, y quería enseñarles lo más posible. Posiblemente, por ser el último día que Pablo estaría con ellos, toda la congregación se ha reunido. Hay muchas lámparas —que en esa época eran generalmente de aceite ardiendo y daban escasa luz, pero sí producían calor y —aunque entonces no se sabía de tales cosas— consumían oxígeno. Como sucede en tales reuniones, cada cual busca un lugar donde estar. El joven Eutico se sienta en la ventana. Pero el sueño le vence, pierde el equilibrio, y cae hacia fuera del edificio. El cuarto en que los discípulos están reunidos se encuentra en un tercer piso. Según el modo en que entonces se contaban los pisos, sería dos pisos por encima de la planta baja, que se contaba como el primer piso. Luego, tomando en cuenta la altura de los edificios típicos de entonces, la caída sería de unos cuatro metros. Pablo baja a donde el joven está. Aunque el texto no lo dice, es de suponer que la congregación también bajaría, alarmada por lo que ha sucedido. Pablo abraza al joven, le dice a la congregación que no se alarme, pues vive, y entonces todos regresan y celebran la comunión. Pero, como es la última oportunidad que tiene, Pablo sigue hablando hasta al amanecer, cuando tiene que salir. En cuanto al joven Eutico, Lucas nos dice que vivió.

Hasta Mileto

Una vez más, sin que se nos diga por qué, el grupo se divide. Ya algunos se han adelantado hasta Troas. Ahora Pablo decide ir por tierra hasta Asón, a unos treinta kilómetros de distancia. Mientras tanto los otros —incluso el narrador— van por mar hasta el mismo lugar, donde Pablo se une a ellos y continúan en la misma embarcación. Los demás lugares que se mencionan están principalmente en las islas frente a lo que hoy es Turquía —Lesbos y Quío. Por fin llegan a Mileto, puerto de mar un poco al sur de Efeso. Posiblemente siguen esa ruta porque es la del barco que han podido tomar. Pero Pablo no quiere volver hacia Efeso, más al norte, pues eso podría demorar su regreso a Jerusalén, donde quiere estar para el día de Pentecostés.

El discurso en Mileto

Si bien no desea regresar a Efeso, por la demora que eso implicaría, Pablo sí desea ver a los líderes de la iglesia en esa ciudad —los «ancianos»— y por tanto les hace saber que está en Mileto, y que deben venir a verle. Algunos comentaristas sugieren que la nave en la que Pablo y sus compañeros viajaban hizo escala en Mileto para descargar mercancía y tomar una nueva carga antes de continuar hacia el este. Pablo no sabe exactamente cuánto tiempo ese proceso tomará, aunque sabe que serán al menos varios días —los suficientes como para que los ancianos viajen desde Efeso, a unos cincuenta kilómetros de distancia. Si son ellos los que vienen a él, podrán estar juntos hasta el momento de zarpar.

El discurso de Pablo a los ancianos de Efeso puede considerarse el testamento de Pablo, quien sabe que no volverá a ver a estos hermanos en esta vida. Entre ellos ha laborado por más de dos años, y quiere asegurarse de que estén listos para las dificultades por venir, de modo que puedan permanecer fieles y guiar la vida de la iglesia.

Puesto que posiblemente Pablo y los ancianos pasaron varios días juntos —o al menos varias horas— lo que leemos en Hechos es un resumen de lo que Pablo les dijo, más bien que sus palabras exactas.

Como sucede en tales casos, la conversación comienza recordando el pasado. Esto lo resume Hechos en los versículos 18 al 21. Allí Pablo recuenta su ministerio entre los efesios, las dificultades a que la obra allí se enfrentó, y el contenido de lo que enseñó, «testificando a judíos y a gentiles acerca del arrepentimiento para con Dios y de la fe en nuestro Señor Jesucristo». Lucas no lo dice, pero debemos suponer que durante ese tiempo de reminiscencias hablaron acerca de Priscila y de Aquila, de Apolos, de los falsos exorcistas, del alboroto de los plateros, y de tantas otras cosas que deben haber sucedido durante los dos años que Pablo pasó en Efeso.

En el versículo 22, Pablo lleva la conversación al presente: «Ahora ...» Pablo va camino a Jerusalén, y sabe que lo que allí le espera no será agradable. Dice que va «ligado en espíritu» (20.22), lo cual posiblemente quiera decir que va, no porque lo desee, sino porque siente que es su obligación. No sabe lo que ha de acontecer en Jerusalén. Pero sí sabe que en sus viajes, en diversos lugares, ha recibido testimonio del Espíritu Santo en el sentido de que lo que le esperan son «prisiones y tribulaciones» (20.23). Y termina esta sección de su discurso con palabras de firmeza y dedicación: «Pero de ninguna cosa hago caso ni estimo preciosa mi vida para mí mismo, con tal que acabe mi carrera con gozo, y el ministerio que recibí del Señor Jesús, para dar testimonio del evangelio de la gracia de Dios» (21.24).

La próxima sección del discurso comienza una vez más con «ahora»: «Y ahora, yo sé que ninguno de vosotros, entre quienes he pasado predicando el reino de Dios, verá más mi rostro» (20.25). Son estas palabras las que han hecho que algunos digan que este discurso es el «testamento» de Pablo. Es un discurso de despedida en el sentido más profundo. Y es por tanto un discurso en el que trata de hacerles ver a quienes le escuchan lo que él espera de ellos una vez que él esté ausente.

Esta parte del discurso empieza declarando que el propio Pablo está «limpio de la sangre de todos» (20.26). Lo que esto quiere decir es que él ha cumplido con su obligación, de modo que lo que ellos hagan en el futuro no es culpa de él. Pero eso a su vez pone una responsabilidad sobre ellos, y esa responsabilidad no consiste solamente en permanecer fieles, sino también en hacer con otros lo mismo que Pablo ha hecho con ellos, y por lo cual puede decir que está limpio de la sangre de ellos. La relación de causa y efecto entre el ministerio de Pablo y el de los ancianos se introduce en el versículo 28: «Por tanto ...»

Aquí, Pablo dice que estos «ancianos» son «obispos» del rebaño. El título de obispo es una palabra que originalmente quería decir sencillamente «supervisor», y por tanto no está claro si Pablo está dándoles el título mismo, o si les está diciendo que han sido puestos como supervisores del rebaño. Ciertamente, poco después de estos acontecimientos los títulos de «anciano» —o «presbítero», usando el término griego— y «obispo» eran intercambiables. Luego, es posible que en este pasaje estemos presenciando los orígenes de este segundo título. Por otra parte, nótese que en este pasaje se llama «obispos» a todos los ancianos, y no solamente al jefe de ellos. Aparentemente, cuando el título de «obispo» surge, no existe solamente uno en cada iglesia o ciudad, sino varios, que funcionan como una especie de colegio de obispos. Esto también parece apuntar en el discurso de Pablo.

También vale la pena señalar que Pablo utiliza aquí la imagen del rebaño y los pastores. Esta imagen fue utilizada antes por el propio Jesús, y es tomada del Antiguo Testamento, donde se habla de Dios como pastor, así como de los dirigentes de Israel como pastores. Nótese, sin embargo, que la palabra «pastor» no se utiliza como título, sino más bien como descripción de una función. No fue sino mucho después que se empezó a hablar de «pastores», usando la palabra como un título u oficio.

La imagen del rebaño tiene además otro lado: no hay sólo ovejas, sino también lobos. Pablo les dice que algunos de estos lobos vendrán de otra parte, pero que otros saldrán del seno mismo del rebaño. Y les dice que lo que estos lobos harán será enseñar falsa doctrina y tratar de ganarse discípulos para sí. «Hablarán cosas perversas para arrastrar tras sí discípulos» (20.30). Contra ellos, hay dos remedios: velar y recordar. Pablo les dice que estén en vela, como un pastor pasa la noche en vela, para estar atento a la primera señal de la presencia del lobo. Y les dice además que han de recordar lo que él les ha enseñado en los tres años que ha pasado con ellos, amonestándoles «con lágrimas».

La próxima parte del discurso comienza también, como la anterior, con la palabra «ahora» (20.32). Éstas son las palabras de despedida. Pero también en ellas Pablo les da instrucciones y ánimo. Pablo les encomienda a Dios, y les recuerda que durante todo el tiempo que ha estado con ellos no ha pedido ni deseado «ni plata ni oro ni vestido» (20.33), pues ha trabajado para su propio sustento, «estas manos me han servido» (20.34). Al contrario, lo que ha tratado de enseñarles es que, buscando cada cual su sustento, han de ayudar a los necesitados y de gozarse más en dar que en recibir.

Todo termina en una oración, seguida de una despedida efusiva, con «gran llanto» y besos. Entonces los ancianos le acompañan al barco. Pablo sigue camino de Jerusalén, y ellos regresan a Éfeso.

Viaje a Cesarea

Los viajeros se embarcan. El texto sigue hablando en primera persona plural («nosotros»), y por tanto es de suponer que el narrador es parte del grupo. El rumbo que siguen les lleva de isla en isla por el Egeo —primero a Cos, y luego a Rodas. De Rodas navegan a Pátara, en la costa sur de lo que hoy es Turquía. Allí cambian de embarcación, para tomar otra que va rumbo a Fenicia —poco al norte de Judea. Una vez más, hay que recordar que en esa época la navegación era en extremo peligrosa. Posiblemente el barco que les llevó a Pátara era demasiado pequeño para aventurarse en la larga travesía desde allí hasta Fenicia, y se dedicaba más bien al comercio y transporte entre las islas. En todo caso, el grupo toma una nueva embarcación, que navega a lo largo de la costa sur de Chipre y llega a Tiro, donde ha de descargar su mercancía.

En Tiro hay ya una iglesia al parecer bastante numerosa, pues Lucas nos dice que «hallamos a los discípulos y nos quedamos allí siete días» (21.4). Allí algunos de los creyentes, inspirados por el Espíritu, le advierten a Pablo de los peligros que le esperan en Jerusalén. Esto nos recuerda lo que Pablo les dijo a los ancianos de Efeso poco antes, «que el Espíritu Santo por todas las ciudades me da testimonio de que me esperan prisiones y tribulaciones» (20.23). Pero Pablo decide continuar el viaje, y cuando llega la hora de zarpar todos le acompañan al puerto, donde se despiden con oración y abrazos.

El barco sigue entonces hasta Tolemaida. Éste era un puerto al norte de Cesarea, conocido hoy como Acre. Es de notar que allí también hay «hermanos», lo cual nos recuerda una vez más que lo que Hechos cuenta es solamente una pequeñísima porción del gran movimiento de expansión del cristianismo, y que debe haber habido buen número de otros predicadores y maestros llevando la fe de un lugar a otro.

Cesarea

Lucas no nos dice cómo hicieron el viaje de Tolemaida a Cesarea. Lo más probable es que el barco en que navegaban no haya seguido hacia Cesarea, y que los viajeros hayan hecho el resto del viaje por tierra, lo cual era bastante común, pues había un camino que pasaba por Tolemaida y seguía hasta Cesarea.

En Cesarea van —probablemente a hospedarse— a casa de «Felipe el evangelista», quien fue uno de los siete designados antes para administrar los bienes de la iglesia (6.1-6), y quien luego había dado testimonio, primero en Samaria y luego al eunuco etíope (capítulo 8). Lucas nos dice que Felipe «tenía cuatro hijas doncellas que profetizaban» (21.9). «Profetizar» era el antiguo equivalente de los que hoy llamamos «predicar»: interpretarle al pueblo creyente la palabra y la voluntad de Dios. La importancia entonces de este dato acerca de las hijas de Felipe es que aquí tenemos cuatro mujeres predicadoras —contrariamente a lo que algunos suponen, que en la iglesia antigua las mujeres no podían enseñar ni ocupar cargos.

Hechos nos dice que el grupo permaneció en Cesarea —y probablemente en casa de Felipe— «algunos días», lo cual bien pueden ser varias semanas. Mientras están allí, llega «de Judea», y por tanto muy probablemente de Jerusalén misma, el profeta Agabo. A éste lo hemos conocido ya en Hechos 11.28, donde se nos dice que fue de Jerusalén a Antioquía, y que allí anunció el hambre que vendría. Ahora Agabo profetiza una vez más, pero ahora, como muchas veces los profetas del Antiguo Testamento, lo hace de forma simbólica o actuada. Toma el cinto de Pablo y se ata de pies y manos. Entonces explica que «así atarán los judíos en Jerusalén al hombre de quien es este cinto, y lo entregarán en manos de los gentiles. Una vez más, como antes en Tiro, los fieles le ruegan a Pablo que no vaya a Jerusalén. Pero Pablo insiste en su propósito, y se declara listo, no sólo a ser atado, sino también a morir, «por el nombre del Señor Jesús» (21.13). Por fin, viendo que no pueden convencer a Pablo, los fieles lo dejan todo en las manos de Dios, para que se cumpla su voluntad.

El grupo sale por fin de Cesarea camino de Jerusalén. Ahora van con Pablo, no sólo los que habían viajado con él hasta Cesarea, sino también algunos de los fieles de Cesarea. Entre ellos, Lucas menciona a Mnasón, natural de Chipre, quien aparentemente tenía una casa en Jerusalén donde el grupo se hospedaría.

Encarcelamiento y juicio de Pablo

(Hechos, capítulos 21 al 26)

Llegada a Jerusalén

En Jerusalén, los fieles reciben a los viajeros con gozo, y al día siguiente presentan un informe, al parecer más formal, a Jacobo y a los ancianos de la iglesia en esa ciudad. Lucas dice que «les contó una por una todas las cosas que Dios había hecho ...» (21.19).

Los de Jerusalén le dan entonces la buena noticia de que hay «millares de judíos que han creído». Todo ellos son «celosos por la Ley» (21.20). Es decir, que no por haber aceptado a Jesús como Mesías y Salvador, han dejado de ser judíos. Pero se le da también una mala noticia: a estos judíos «se les ha informado» (21.21) algo malo acerca de Pablo. Nótese la forma impersonal «se les ha informado». Jacobo y los ancianos, o no saben, o no quieren decir, la fuente de tales informes. Como veremos más adelante, quizás ellos mismos no han hecho gran esfuerzo por contradecirlos. Lo que se dice acerca de Pablo es que va por tierra de gentiles invitando a los judíos a abandonar la Ley de Moisés, diciéndoles que no circunciden a sus hijos ni «observen las costumbres» —es decir, las costumbres sobre las comidas, las fechas religiosas, etc.

Los líderes de Jerusalén temen que cuando se sepa que Pablo está en la ciudad se produzca un alboroto. Para evitarlo, le sugieren a Pablo que vaya al Templo y se purifique, y que pague entonces los gastos de otros fieles que han hecho voto y que han de rasurarse la cabeza. Con esas acciones, dicen ellos, Pablo mostrará que lo que se dice de él no es cierto, pues siente y practica gran respeto hacia el Templo y hacia las antiguas costumbres judías.

Por otra parte, estos mismos líderes le dicen a Pablo que esto no cambia en nada lo que se decidió en la visita que él y Bernabé hicieron antes a Jerusalén (capítulo 15), en el sentido de que los gentiles que crean no tienen que cumplir toda la Ley de Moisés, ni tampoco circuncidarse, sino que solamente han de abstenerse «de lo sacrificado a los ídolos, de sangre, de ahogado y de fornicación» (21.25).

En todo este pasaje, es triste notar que los líderes de Jerusalén hacen y arriesgan bien poco. Le dicen a Pablo que hay malos informes acerca de él. Pero al parecer ellos mismos no se han ocupado de contradecir tales informes. Ahora le sugieren ciertas acciones. Pero mientras Pablo está haciendo todo esto, ellos no estarán con él. Así, dan la impresión de que los problemas de Pablo son solamente de él, y que la responsabilidad de ellos termina en el hecho de darle consejos acerca de cómo enfrentarse a esos problemas. Aparentemente están más preocupados por el buen nombre de la iglesia en Jerusalén —y quizá por ellos mismos— que por Pablo y su ministerio.

Pablo sigue el consejo de los ancianos

Al día siguiente, Pablo da los pasos que los líderes de la iglesia en Jerusalén le han recomendado. Va y se purifica en el Templo. Éste es un proceso que tomará siete días, y por tanto Pablo es visto en el Templo repetidamente. Cuando falta poco para que se cumpla ese plazo, rompe la tempestad. Ésta la inician «unos judíos de Asia» (21.27). Asia era el nombre que se le daba a la región occidental de lo que hoy es Turquía. En esa región estaba la ciudad de Efeso, donde Pablo había laborado largamente, y donde sería bien conocido. Lo que sucede ahora en Jerusalén es parecido a lo que vimos antes en varias ciudades. Un buen número de judíos ha aceptado el Evangelio, pero muchos otros —en este caso, una gran mayoría— lo han rechazado, y ven en la predicación de Pablo y de los cristianos en general una amenaza contra el judaísmo. Como en otros casos, el alboroto surge cuando un grupo de estos judíos llegan a una ciudad y les advierten a los del lugar acerca de las enseñanzas de Pablo.

Ahora estos judíos de Asia, al ver a Pablo en el Templo, comienzan a alborotar la ciudad con sus acusaciones. Dicen que Pablo «por todas partes enseña a todos» (21.27). Aparentemente saben de los viajes de Pablo, y han tenido noticias de sus visitas a distintos lugares. Ahora acusan a Pablo de enseñar contra tres cosas: el pueblo, la Ley y el Templo. Además, dicen que Pablo ha profanado el Templo introduciendo gentiles al lugar santo. La razón de esta última acusación es que han visto a Pablo, no en el Templo, sino en la ciudad, acompañado de Trófimo (a quien ya se mencionó en 20.4 como uno de los acompañantes de Pablo). Puesto que Trófimo era de Asia, es posible que estos judíos le conocieran desde antes, y supieran que, aunque cristiano, no era judío, sino gentil.

La turba se deja llevar por estas acusaciones, con el resultado de que «apoderándose de Pablo, le arrastraron fuera del Templo» (21.30). Puesto que en esta oración el sujeto no está claro, es posible que, en lugar de ser la turba misma la que sacó a Pablo, hayan sido los guardias del Templo, cuya responsabilidad incluía asegurarse de que no ocurrieran alborotos ni desórdenes en el recinto sagrado. Lo que lleva a algunos a pensar que tal es el caso, es que los mismos que arrastran a Pablo para sacarle del Templo son los que entonces cierran las puertas. Puesto que tal cosa era responsabilidad de los alguaciles del Templo, cabe pensar que fueron ellos los que, para evitar un tumulto en el recinto sagrado, sacaron a Pablo del lugar y entonces cerraron las puertas.

Están a punto de matar a Pablo cuando interviene el «comandante de la compañía» (21.31). Se trata del jefe de la guarnición romana, cuyo nombre, según Lucas nos dirá más adelante, era Claudio Lisias. Puesto que el cuartel general de esa guarnición estaba en la Torre Antonia, y ésta estaba colocada de tal modo que desde ella se podía ver todo cuanto ocurría en el Templo, no transcurriría mucho tiempo antes que Claudio Lisias se enterara de que la ciudad estaba alborotada.

Claudio Lisias sale de la Torre Antonia con un grupo de soldados y centuriones, e interviene en el asunto. Como ya hemos visto, la sedición y el desorden eran severamente castigados por Roma. Por ello, tan pronto como ven a los soldados, los que tienen asido a Pablo dejan de golpearlo. Pero hay otra dimensión de la situación: el propio Claudio Lisias, como responsable de mantener el orden en la ciudad, teme también que las noticias del alboroto lleguen a sus superiores, y que se le culpe por no haberlo evitado. Luego, tanto la turba como el oficial romano tienen cierto interés porque la cosa no dé en motín.

Esto no quiere decir que Pablo va a ser dejado en libertad. Al contrario, lo que el oficial romano ordena es que se ate a Pablo con dos cadenas y se le interrogue acerca de su persona y sus acciones. Pero esto no puede hacerse allí, ante la multitud, que todavía sigue gritando confusa, de modo que lo que Claudio Lisias oye es una cosa de unos, y otra de otros. Por eso, da órdenes para que Pablo sea llevado a la fortaleza —es decir, la Torre Antonia. Al ver escapar a su presa, la multitud enardecida les sigue, gritando, «¡Muera!». Por eso, los soldados cargan a Pablo y lo llevan hacia la torre.

Entonces Pablo por fin se dirige al comandante, pidiéndole permiso para hablar. Lo hace con palabras refinadas y corteses, y esto desconcierta al comandante, quien había supuesto que el preso no sabía griego, sino que se trataba de cierto egipcio que poco antes había dirigido una sedición contra Roma. Según Lisias entiende la situación, este egipcio es aliado de los «sicarios», grupo subversivo cuya actividad más notable consiste en apuñalar a los representantes de Roma y a sus colaboradores entre los judíos. Este egipcio —según sabemos también por el historiador Josefo— había venido profetizando y anunciando la libertad para Israel. Tras él se fueron varios millares de seguidores. Pero el ejército romano salió y los aplastó cerca del Monte de los Olivos. Del egipcio mismo, se desconocía el paradero, y probablemente los romanos estaban haciendo esfuerzos por encontrarle. Luego, al responder al motín, y ver que Pablo es su causa, Lisias imagina que su prisionero es nada menos que el tan renombrado egipcio.

Pero ahora Pablo contradice los prejuicios y sospechas del comandante hablándole en griego refinado. Cuando el comandante le expresa su sorpresa, Pablo le dice que es judío, ciudadano de Tarso. Resulta interesante que no le dice que es también ciudadano romano. Le pide a Lisias permiso para hablarle a la multitud, y éste se lo da.

Discurso de Pablo a la multitud

Una vez obtenido el permiso, Pablo se pone de pie, sube a unas gradas —posiblemente la escalinata que conducía a la Torre Antonia— y hace señal de que desea hablar. Cuando por fin logra algo de la atención de la muchedumbre, se dirige a ellos «en lengua hebrea» —es decir, en arameo, que era la lengua común de los judíos de entonces— diciéndoles «Hermanos y padres, oíd ahora mi defensa ante vosotros» (22.1). Estas palabras, dichas en su propia lengua, hacen que la multitud se calme y se disponga a escuchar lo que Pablo ha de decir en su propia defensa.

Pablo entonces resume su vida, diciendo que es judío, nacido en Tarso, criado en Jerusalén y educado por el famoso rabino Gamaliel. Estas pocas palabras nos ayudan a saber algo más acerca del propio Pablo. Así, por ejemplo, aunque siempre sabíamos que era «de Tarso», ahora sabemos que lo es de nacimiento. Además nos habla de su juventud, diciendo que fue criado en Jerusalén y educado bajo Gamaliel. Continúa diciendo que siempre fue buen judío, tan celoso de su fe como cualquier otro. A esto le añade su historia como perseguidor del cristianismo —de lo que aquí llama «este Camino». Como testigo de su celo en perseguir a los cristianos, apela nada menos que al Sumo Sacerdote.

Cuenta entonces de su conversión camino a Damasco. Puesto que ya hemos discutido esto al estudiar el capítulo 9, no es necesario detenernos en ello. Asimismo cuenta de su ceguera al llegar a Damasco, de la visita de Ananías, y de su bautismo.

Ahora nos dice algo de que no sabíamos antes. Cuenta que tras regresar a Jerusalén, orando en el Templo, tuvo una visión. En esa visión «el Señor» le habla. El uso mismo del término «Señor» es interesante. Éste era el nombre que los judíos le daban a Dios. Pablo se lo da también a Jesús. Luego, al usar este término, probablemente está hablando de una visión de Jesús, pero usando para él un nombre conocido por su audiencia para la divinidad. Pablo dice que en esa visión el Señor le advirtió que huyera de Jerusalén, porque en esa ciudad no recibirían su testimonio. Pablo insistió, pensando que su conducta anterior, persiguiendo a los cristianos y participando en la muerte de Esteban, le daría credulidad entre los judíos. Pero el Señor le dijo que saliera, porque tenía el propósito de enviarle a los gentiles.

Al llegar a este punto, quienes le escuchan pierden la paciencia y no quieren oír más. Una vez más empiezan a gritar pidiendo la muerte de Pablo. Aparentemente, Pablo les ha enfurecido por dos razones. La primera, y probablemente la principal, es la afirmación de que fue en el Templo —el lugar que ahora se le acusa de profanar— que el Señor se le apareció. Desde el punto de vista de la audiencia, parece que Pablo ha perdido todo respeto por el Templo, y lo profana, no sólo de hecho, sino también de palabra. La segunda es su afirmación de que el Señor le envió a los gentiles. Es precisamente su predicación entre los gentiles, quienes no requieren la circuncisión ni la obediencia a todos los mandatos de la Ley, lo que ha enardecido a la multitud. Se dice que en esa predicación Pablo blasfema contra la Ley, y hasta que les dice a los judíos que no circunciden a sus hijos y que no cumplan la Ley. Las palabras de Pablo, ante una audiencia prejuiciada, parecen confirmar precisamente todo lo que se dice de él. Por eso empiezan a gritar otra vez pidiendo su muerte.

Además de gritar, arrojan sus ropas y lanzan polvo al aire. Lo primero es una señal de protesta —algo así como los chiflidos en muchas de nuestras culturas modernas. Lo segundo es señal de vergüenza por haber oído palabras profanas y blasfemas. No es difícil imaginar la escena, ni los pensamientos del comandante al ver que este personaje es tan odiado. Además, puesto que Pablo ha hablado en lengua hebrea, el comandante no sabe lo que ha dicho, ni por qué la muchedumbre pide su muerte.

Pablo apela a su ciudadanía

Para enterarse del asunto —y posiblemente para calmar los ánimos mientras decide qué hacer— Lisias manda introducir a Pablo en la fortaleza, y que se le azote para que confiese de qué se trata todo este alboroto. Los soldados se preparan a cumplir esta orden, cuando Pablo apela a su ciudadanía romana. Recuérdese que estaba estrictamente prohibido atar y azotar a un ciudadano romano —y mucho menos sin haberle hecho juicio. El oficial a cargo del interrogatorio de Pablo es un centurión, quien al escuchar que Pablo dice ser ciudadano romano decide ir y consultar con su jefe, Lisias. (El título que el texto griego le da a Lisias, y que nuestras versiones traducen por «comandante», es «quiliarca», o jefe de mil soldados. Un centurión manda sobre una centuria, es decir, cien soldados. Luego, si la guarnición seguía el orden estricto de las legiones romanas, Lisias tendría bajo su mando diez centuriones, cada uno con una centuria o grupo de cien soldados.)

Ahora Lisias decide interrogar directamente al prisionero, y le pregunta si es verdad que es ciudadano romano. (Pretender serlo falsamente era crimen capital, que se castigaba con pena de muerte.) Pablo le responde afirmativamente. El comandante le dice que él tuvo que comprar su propia ciudadanía a alto precio, aparentemente preguntándole de este modo a Pablo, que no parece ser rico, cómo pudo él comprar la suya. La respuesta de Pablo es que su ciudadanía no es comprada, sino de nacimiento —lo cual quiere decir que su padre también fue ciudadano romano. El resultado es que Lisias decide no azotar a Pablo, y hasta teme las consecuencias de haberle mandado atar.

Lisias convoca al Concilio judío

Al día siguiente, para aclarar la situación, Lisias convoca a los miembros del Concilio de los judíos. Aunque todos los miembros están presentes, no se trata de una sesión del Concilio, pues en tal caso el gentil Lisias no podría estar allí. Además, la reunión aparentemente no tiene lugar en el sitio acostumbrado, sino en la fortaleza romana, donde Lisias «mandó venir» a los miembros del Concilio.

Pablo empieza declarando que tiene limpia la conciencia ante Dios. Esas palabras provocan la ira del sumo sacerdote Ananías, quien manda que le golpeen en la boca —como diríamos hoy, «que le den un tapabocas». Pablo se vuelve hacia él y le llama «pared blanqueada», es decir, hipócrita. Si él es miembro del grupo que se supone le juzgue, ¿cómo se atreve a hacerle golpear para que no hable? Los presentes le dicen que ha insultado al Sumo Sacerdote. Pablo se excusa diciendo que no sabía que fuera el Sumo Sacerdote, y cita al respecto palabras de Éxodo: «No maldecirás a un príncipe de tu pueblo» (Ex 22.28). Lo que al parecer ha sucedido es que, por no tratarse de una reunión oficial del Concilio, sino de una convocatoria por parte de Lisias, Ananías, no lleva puestas las ropas correspondientes a su oficio, y por eso Pablo no supo que quien le mandaba golpear era el Sumo Sacerdote. Pero las palabras dichas sin saber a quién se dirigía tienen mucho de verdad, pues Ananías fue un personaje corrupto a quien sus mismos correligionarios acusaban de hipocresía y de mostrarse demasiado sumiso ante los romanos.

Pasado ese momento de crisis, Pablo empieza su defensa. Ve que entre los reunidos hay fariseos y saduceos, y decide hacer uso de los desacuerdos entre esos dos grupos. Empieza diciendo que él mismo es «fariseo, hijo de fariseo» (23.6), y que lo que está bajo discusión es la resurrección de los muertos. Puesto que éste es uno de los principales puntos de contienda entre fariseos y saduceos, la asamblea al instante se divide. Ya la discusión no es principalmente acerca de Pablo, sino acerca de si hay o no resurrección de los muertos. Los escribas de los fariseos salen en defensa de Pablo, y declaran que si dice que ha tenido alguna revelación especial, los presentes no han de hacerse culpables de resistir lo que Dios ha hecho. Hechos no lo dice, pero no cabe duda de que ante tales declaraciones los saduceos también se enardecen, e insisten en la condenación de Pablo, no ya sólo por lo que pueda haber dicho, sino porque los fariseos han tomado su partido.

Lisias vuelve a intervenir

La situación parece deteriorarse rápidamente. El comandante se preocupa, porque con los ánimos enardecidos como están, muy posiblemente Pablo podría ser «despedazado». En tal caso, el comandante mismo tendrá que rendir cuentas, sobre cómo fue que permitió un motín tal que dio lugar a la muerte de un ciudadano romano, ¡y esto en una reunión convocada por el comandante mismo! Por eso interviene, mandando soldados para que arrebaten a Pablo de en medio del pleito y lo lleven a la fortaleza. Empero, esto no quiere decir que Lisias tome el partido de Pablo. Hacer tal cosa sería ganarse la enemistad de los jefes religiosos judíos, y por tanto poner en peligro su propia posición, pues se le culparía por cualquier protesta o desorden que surgiese de esta complicada situación.

Pablo queda entonces encarcelado, en manos de los romanos, cuando por la noche se le presenta el Señor y le anima, diciéndole que ha de testificar también en Roma —lo cual implica que no va a ser muerto en Jerusalén.

El complot y contra-complot

Al próximo día, algunos de los judíos se juramentan para matar a Pablo. Aquí conviene subrayar la palabra «algunos», pues los juramentados son sólo unos pocos («más de cuarenta», 23.13), y entre el pueblo judío —como normalmente sucede en tales situaciones— hay quien se opone a Pablo y su predicación, quien la acepta, y quien no le presta mayor atención. Por tanto, se equivocan quienes generalizan, culpando a «los judíos» por la muerte de Jesús o por el complot contra Pablo. Estos pocos juramentados van y se les ofrecen «a los principales sacerdotes y a los ancianos» (23.14: los mismos que antes se opusieron a la predicación de Pedro y de Juan, y que temían que el pueblo se enterara de lo que estaba sucediendo con la curación del paralítico) para matar a Pablo. El plan es que los jefes del Concilio le pidan al comandante que presente a Pablo ante el Concilio, so pretexto de hacerle más preguntas, y entonces matar a Pablo cuando esté de camino entre la fortaleza romana y la reunión del Concilio.

Ahora nos encontramos con uno de solamente dos casos en que se nos habla de la familia de Pablo. (El otro caso es en Romanos 16.7, donde Pablo les envía saludos a «mis parientes» Andrónico y Junia.) Se trata aquí de un sobrino de Pablo —hijo de la hermana del apóstol. Sabemos que Pablo se crió en Jerusalén. Ahora su hermana, o al menos el hijo de ella, vive todavía en la ciudad. De algún modo que Hechos no nos dice, el joven se entera del complot, y va y se lo cuenta a Pablo. Lo que Pablo hace es mandar al joven, custodiado por un centurión, a que le cuente al comandante de lo que se ha enterado.

Surge entonces un contra-complot. El comandante le dice al joven que no le deje a nadie saber que las autoridades romanas saben del complot. Entonces llama a dos centuriones, y les ordena que a las nueve de la noche, con sus doscientos soldados, y con un refuerzo de otros doscientos setenta (setenta jinetes y doscientos lanceros) lleven a Pablo a Cesarea. Los doscientos soldados son legionarios, soldados regulares del ejército romano. Los otros parecen ser lo que se llama «tropas auxiliares», es decir, soldados no romanos pero añadidos al grueso del ejército. Este contingente militar, tan fuerte que ningún conjurado se atreverá a atacarlo, lleva a Pablo hasta Antipatris, a mitad del camino entre Jerusalén y Cesarea.

De allí el grueso de ellos regresa a Jerusalén, mientras los jinetes llevan a Pablo hasta Cesarea. Es de suponer que, por ser caballería, marcharán más rápido, y los conjurados, aunque quieran hacerlo, no podrán darles alcance.

Pablo es enviado al gobernador Félix

Todo esto le conviene a Lisias, quien aprovecha las circunstancias para deshacerse del problema. Como era menester según las prácticas legales romanas, Lisias manda junto al prisionero un documento en el que resume los cargos y lo que él ha hecho, para que la persona que ahora quede a cargo del caso esté informada y sepa a qué atenerse. En ese documento, Lisias aprovecha para presentar su actuación de la manera más digna de encomio. Se dirige «al excelentísimo gobernador Félix» (23.36), quien tendrá custodia de Pablo por largo tiempo, según nos cuenta el capítulo 24. Lisias le da el título de «excelentísimo» (el mismo que, como vimos en la Introducción, Lucas le da a Teófilo), porque Félix pertenece a la aristocracia romana. En su explicación, Lisias le dice a Félix que se enteró de que Pablo era ciudadano romano, y que por eso fue que lo libró de los amotinados, cuando lo cierto es que Lisias no sabía que era romano, sino que intervino sencillamente para restablecer el orden. Recordemos que Lisias pensaba que Pablo era «el egipcio», que se sorprendió cuando Pablo le habló en griego, y que estuvo a punto de hacerle azotar cuando por fin se enteró de que Pablo era ciudadano romano. La carta de Lisias le dice entonces a Félix que no ha encontrado en Pablo delito alguno digno de muerte o de prisión. Le cuenta además del complot de los conjurados para matarlo. Y le pasa entonces el caso a Félix, para que quienes acusan a Pablo presenten sus acusaciones ante él.

Si la examinamos detenidamente, esta carta es ejemplo típico del modo en que muchas personas en autoridad se comportan. Primero, como hemos indicado, le da a la verdad un falso giro, de modo que parezca que Lisias merece crédito por haber salvado a un ciudadano romano. Y, en segundo lugar, le dice a Félix que no ha encontrado delito en Pablo, pero con todo y eso, en lugar de absolverle, le manda a Cesarea para que Félix se ocupe de él. Entre las autoridades romanas —como entre las de hoy— era común la práctica de deshacerse de un problema echándolo sobre las espaldas de otro.

Por otra parte, Félix tampoco es ejemplo de virtud ni de administración honrada. De él sabemos bastante por lo que nos dicen los historiadores romanos, así como el judío Flavio Josefo. Lo que nos dicen no es bueno. Él y sus hermanos eran esclavos libertos que hicieron todo cuanto pudieron por escalar dentro de la estructura social romana. Su hermano fue favorito —aparentemente amante— de la madre de Nerón. El propio Félix adelantó su carrera casándose con mujeres influyentes. Puesto que tres de ellas tenían título de «reina» de algún pequeño reino bajo la tutela de Roma, el historiador Suetonio se burla de él llamándole «marido de tres reinas». Una de ellas era Drusila, quien aparecerá más adelante en nuestra historia (24.24). Félix fue gobernador de la provincia de Judea del 52 al 60. Puesto que más adelante (24.27) Lucas nos dirá que Pablo estuvo bajo la custodia de Félix por dos años, y que seguía preso cuando Félix regresó a Roma, sabemos que el juicio de Pablo ante Félix tuvo lugar en el 58. Por otra parte, la administración de Félix sobre Judea no fue feliz para la provincia misma. El Gobernador era dado al soborno, al abuso, a la crueldad y a la lascivia, además de ser débil y vacilante en sus decisiones. Cuando, en el año 60, regresó a Roma, los judíos enviaron tras él una delegación para quejarse ante el Emperador y las demás autoridades romanas.

Hechos nos dice que Félix leyó la carta y le preguntó a Pablo de qué provincia era. Los estudiosos de la Biblia sugieren que lo que Félix busca es deshacerse él también del problema. Según la ley romana, un caso podía verse en la provincia del delito, o en la provincia del acusado. Si Félix puede, va a enviar a Pablo a su provincia para que le juzguen allá. Pero resulta que Pablo, en su condición de ciudadano de Tarso, que es una ciudad libre, no puede ser juzgado por su provincia natal, y Félix no puede por tanto pasarle la cuestión a otro tribunal. Ordena entonces que lleven a Pablo como prisionero al «pretorio de Herodes» (23.35), es decir, al antiguo palacio de Herodes, que ahora servía de pretorio romano.

El juicio ante Félix

Los líderes religiosos de Jerusalén no se dan por vencidos. Cinco días después de llegar Pablo a Cesarea, llega también una delegación judía encabezada nada menos que por el sumo sacerdote Ananías. Con ellos llega también cierto Tertulo, de quien Lucas nos dice que es «orador». Lo que esto quiere decir es que se dedica a presentar casos ante las autoridades, y por tanto hoy diríamos que era «abogado». Esta delegación se presenta ante Félix y le dice que quiere presentar cargos contra Pablo. El gobernador accede —sabiendo de su fama, es dable pensar que le dio largas al asunto, posiblemente en espera de algún soborno. Es entonces que Pablo es traído para ser juzgado ante Félix, quien aparentemente no se había ocupado del caso al menos por cinco días.

El discurso de Tertulo (24.2-8) sigue la estructura típica de tales discursos en ese tiempo. Empieza con un intento de captar la buena voluntad de quien le escucha. Tales palabras iniciales eran casi de rigor, y los entendidos les daban escaso valor, pues en ellas los oradores adulaban a las autoridades. Esto es precisamente lo que hace Tertulo. Si dos años más tarde los judíos enviarían una delegación a Roma para protestar contra la corrupción y el mal trato de Félix, es de suponerse que ya en el momento en que Tertulo habla hay bastantes críticas contra el gobernador. Pero Tertulo ni se da por enterado, sino que dice todo lo contrario, con frases tales como «debido a ti gozamos de gran paz», «muchas cosas son bien gobernadas en el pueblo por tu prudencia» y «lo recibimos todo en todo tiempo y en todo lugar con toda gratitud» (24.2-3).

A esto sigue la acusación contra Pablo. Se trata mayormente de acusaciones vagas. Pablo, dice Tertulo, es «una plaga». Es «promotor de sediciones entre los judíos en todo el mundo». Es «cabecilla de la secta de los nazarenos». Además, «intentó profanar el Templo». En consecuencia, dice Tertulo, los jefes judíos lo prendieron e intentaron juzgarle según la Ley de Israel. Pero Lisias le arrebató violentamente de entre ellos, y dio orden de que la acusación se hiciese ante el gobernador. Es interesante notar que, de igual modo que Lisias presenta los acontecimientos de tal modo que su participación en el asunto sea bien vista, Tertulo también les da su propio giro a los hechos. Dice que los jefes judíos procuraban juzgar a Pablo según su propia Ley, cuando Lisias intervino violentamente y lo arrebató. Esto no es cierto del primer conflicto de Pablo con la multitud, que no era cuerpo judicial alguno, sino una turba enardecida. Cuando Lisias intervino en ese caso, no fue para arrebatar a Pablo de entre los jueces debidamente constituidos de Israel, sino para evitar el motín que la turba amenazaba. A Tertulo no le conviene decir esto, pues entonces daría la impresión de que los amotinados y sediciosos no son Pablo y sus seguidores, sino sus enemigos. En el segundo caso en que Lisias intervino, los que estaban reunidos, aunque fuesen los miembros del Concilio, no estaban constituidos en concilio, y además se dejaron llevar por sus diferencias doctrinales de tal modo que la reunión misma dio en motín, y fue entonces que Lisias intervino. Nada de esto dice Tertulo. Además, hay indicios de que entre Lisias y Félix había ciertos recelos y sospechas, y por tanto culpar a Lisias ante Félix parece ser buena estrategia.

Por otra parte, la mayor parte de las acusaciones de Tertulo tienen poca substancia, y no son de la incumbencia de Félix. Si Pablo es «cabecilla de la secta de los nazarenos», eso bien puede ofender a los judíos ortodoxos; pero no tiene por qué interesarle al gobernador romano. Sí hay dos acusaciones que pueden ser serias. Una de ellas es la de promover sediciones entre los judíos. Como hemos visto, el delito de motín y sedición era duramente castigado por Roma, preocupada como estaba por la tranquilidad y la obediencia a sus órdenes. Pero Tertulo no dice más sobre el asunto, aparentemente por dos razones. La primera es que no tiene datos ni testigos más que de Jerusalén, y por tanto no puede probar lo que dice acerca de las actividades de Pablo «por todo el mundo». La segunda es que esa acusación puede redundar en perjuicio de los judíos mismos. Si a Pablo se le hace tan fácil promover sediciones entre los judíos, ¿no será que los judíos mismos están dispuestos a participar de tales sediciones? ¿No será que los judíos son una población inestable dentro del Imperio Romano? ¿Cómo le fue tan fácil a Pablo promover un motín en la misma Jerusalén? Por toda una serie de documentos de la antigüedad, sabemos que los judíos fueron duramente perseguidos en varios tiempos y situaciones en el siglo primero. Doce años después del juicio de Pablo ante Félix, los judíos se rebelaron, y a ello siguió una represalia cruenta. El ambiente no estaba como para atraer la atención de las autoridades hacia los judíos.

La otra acusación que debe interesarle a Félix es la de haber intentado profanar el Templo. Debido a la historia anterior, las autoridades romanas estaban bien conscientes del peligro de rebelión que cualquier profanación del Templo podría acarrear, y por tanto una de las responsabilidades del gobernador era salvaguardar la integridad del Templo. Pero también en este caso la acusación de Tertulo es débil. No dice que Pablo profanó el Templo, como dijeron antes los «judíos de Asia» que amotinaron al pueblo, sino que «intentó» profanarlo.

Aparentemente, éste es sólo uno de muchos discursos e intervenciones por parte de los acusadores, pues Hechos nos dice que «los judíos confirmaban, diciendo ser así todo» (24.9). Es de suponer que tal confirmación tiene lugar en un interrogatorio, o en breves intervenciones por parte de estos judíos.

Por fin le toca el turno a Pablo. El contraste entre el comienzo de su discurso y el de Tertulo es notable. Tertulo se muestra adulador. Pablo sencillamente reconoce la autoridad de Félix, diciéndole que está dispuesto a presentar su defensa «porque sé que desde hace muchos años eres juez de esta nación» (24.10). Pablo ni siquiera se ocupa de responder al cargo de promover sediciones por todo el mundo. Puesto que sus acusadores no pueden aducir pruebas al respecto, lo mejor es desentenderse de lo que Tertulo ha dicho respecto a eso. En cuanto al cargo de promover sediciones en Jerusalén, Pablo sabe que no pueden acusarle de tal cosa. Afirma que fue sólo doce días antes que fue a Jerusalén, y que Félix puede cerciorase de ello. Recordemos que doce días antes Pablo estaba en Cesarea, y que debe haber en esa ciudad, donde el juicio está teniendo lugar, un buen número de testigos que lo habrán visto antes de salir para Jerusalén. Luego, la primera línea de defensa de Pablo es que apenas acaba de llegar a Jerusalén. Allí «no me hallaron discutiendo con nadie, ni amotinando a la multitud, ni en el Templo ni en las sinagogas ni en la ciudad; ni pueden probar las cosas de que ahora me acusan» (24.12-13). Si Pablo llegó a la ciudad hace doce días, lleva al menos cinco como prisionero bajo la custodia de Félix, y antes estuvo bajo la custodia de Lisias. Esto apenas le deja unos pocos días para hacer todas estas cosas de que se le acusan. Luego, Pablo sencillamente niega la acusación.

Sí afirma uno de los puntos de Tertulo, quien lo ha acusado de ser «cabecilla de la secta de los nazarenos». Pablo dice que esto sí confiesa, seguir «el Camino que ellos llaman herejía» (24.14). Desafortunadamente, la versión de Reina y Valera traduce la misma palabra por «secta» en el discurso de Tertulo, y por «herejía» en el de Pablo. En el siglo primero, la palabra «herejía» no tenía el sentido de desviación doctrinal que hoy tiene, sino que significaba más bien «partido», o un grupo dentro de otro. En todo caso, Pablo usa la misma palabra que Tertulo empleó antes, y declara que sí es seguidor de ese camino o secta. Pero al mismo tiempo aclara que «así sirvo al Dios de mis padres». Por ser cristiano, Pablo no ha dejado de ser buen judío, sino que afirma: «creo todas las cosas que en la Ley y los Profetas están escritas» (24.14). Añade además que tiene la esperanza de la resurrección de los muertos, y dice que sus acusadores también abrigan la misma esperanza —lo cual en realidad es cierto solamente de algunos de entre ellos, pues los saduceos no tienen tal esperanza. Por último, añade que, precisamente porque cree en la resurrección y en el juicio que la sigue, procura «tener siempre una conciencia sin ofensa ante Dios y ante los hombres» (24.16).

Pablo explica entonces que la razón de su venida a Jerusalén fue traer «limosnas a mi nación y presentar ofrendas» (24.17). Ésta es una de los pocas veces que Hechos menciona, siquiera de pasada, la ofrenda para los necesitados en Jerusalén, que tiene un lugar tan importante en varias de las cartas de Pablo. Pablo continúa diciendo que estaba en el Templo, ya purificado y bien tranquilo, cuando fue acusado por «unos judíos de Asia» (24.17). Además, reta a sus acusadores a decir qué mal ha hecho, excepto quizá el haber creado disensión en el Concilio al declarar que se le juzgaba por sostener la doctrina de la resurrección de los muertos.

Lucas nos dice entonces que «al oír esto Félix, como estaba bien informado de este camino, les relegó» (24.22). Lo que esto quiera decir no está del todo claro. Ciertamente no indica que Félix sintiese simpatía alguna por «el camino», sino más bien que sabía que había desacuerdos entre los judíos acerca del «camino», o de «los nazarenos», como también se llamaba a los cristianos. Sabiendo de esas diferencias, y sabiendo también que él no podía solucionarlas, y que inmiscuirse en el debate podría traerle enredos innecesarios, Félix sencillamente decide darle largas al asunto. Su excusa es que quiere esperar a que «venga el comandante Lisias» (2422). Pero el hecho es que no se nos dice que en momento alguno a partir de entonces Félix haya consultado a Lisias sobre el caso de Pablo. En el entretanto, Félix ordena que Pablo siga prisionero, aunque con ciertas libertades. (En el sistema romano, había varios grados de encarcelamiento. En este caso, Félix ordena que Pablo, aunque prisionero, tenga la mayor libertad que la ley permite. Quizá, sabiendo que Pablo es ciudadano romano, no quiere ofenderle demasiado.)

Poco después, sin que Hechos nos diga por qué, Félix interroga de nuevo a Pablo, ahora en presencia de su mujer Drusila. Ésta era una de las «tres reinas» con quienes Félix se casó. Según el historiador judío Flavio Josefo, Drusila era hija de Herodes Agripa I —el mismo que antes hizo matar a Jacobo, y encarcelar a Pedro. Era hermana de Agripa II y de Berenice, quienes aparecerán en Hechos 25. Es por haber estado casada antes con el Rey de Emesa que Suetonio dice que fue una de las «tres reinas» casadas con Félix. Pero el reino de Emesa era de escasa importancia, y aparentemente Drusila dejó al Rey para casarse con Félix. La historia cuenta que murió unos años después de su entrevista con Pablo, cuando el Vesubio hizo erupción en el año 79. Lucas señala que era judía, porque aparentemente ésa es la razón por la que Félix hace comparecer a Pablo ante ella. El texto no nos dice si ello se debe a que Drusila ha expresado algún interés en «el camino», o si se debe más bien a que Félix quiere que su esposa, mejor conocedora que él de las leyes y costumbres judías, le dé su opinión respecto a Pablo.

Sobre esta entrevista de Pablo con Félix y Drusila, Hechos dice poco. Pero lo que dice es significativo. Cuando Pablo empezó a hablar «acerca de la justicia, del dominio propio y del juicio venidero, Félix se espantó» (24.25). El espanto de Félix muy probablemente se debe a que lo que Pablo dice le toca muy de cerca. Ya hemos visto que Félix era conocido por su crueldad, deshonestidad y lascivia. Luego, lo que Pablo le está diciendo es que Dios le ha de juzgar y de condenar. Por ello, Félix no quiere oír más, y le dice que volverá a llamarle «cuando tenga oportunidad» (24.25).

Pero Lucas nos cuenta que Félix continuó llamando a Pablo y teniendo conversaciones con él. Según Lucas, el propósito de todo esto era ver si Pablo le ofrecía dinero para dejarle ir en libertad. Pero como Pablo no lo hizo, permaneció preso por dos años más. Este dato es importante, porque según la ley romana el límite de tiempo que un preso podía permanecer cautivo en espera de un veredicto y pena era de dos años. Luego, antes de salir de Cesarea, cuando su sucesor llegó, Félix debió haber resuelto el caso de Pablo de una manera o de otra. Si al cabo de dos años no había decidido que Pablo había cometido un crimen, su obligación era dejarle ir. Pero no es eso lo que Félix hace, sino que sencillamente se marcha hacia Roma y deja el asunto de Pablo pendiente. Lucas dice que hizo esto para «congraciarse con los judíos» (24.27). Como ya hemos dicho, los judíos no estaban muy contentos con el gobierno de Félix, y cuando llegó el nuevo gobernador y Félix partió hacia Roma, ellos también enviaron una delegación para hacerles saber a las autoridades en la capital del Imperio acerca de los desmanes y la mala gobernación de Félix. Por otra parte, Félix tendría también otras razones. Quizá quería dejarle a su sucesor este asunto escabroso, con la esperanza de que el nuevo gobernador no supiera tratar con él, y en consecuencia Félix parecería haber sido más sabio. Además, Félix tenía fama de irresoluto, y para tal persona el dejar la cuestión en suspenso bien puede haber sido más fácil que resolverla.

Pablo ante Festo

El nuevo gobernador es Porcio Festo. El historiador judío Flavio Josefo le presenta como un gobernante decidido y hábil, quien al llegar a la provincia encontró muchas cosas desordenadas y pendientes, e inmediatamente comenzó a resolverlas. Su gobierno duró poco, pues parece haber llegado a su provincia en el año 60, y murió en el 62. Lucas nos pinta a Festo de manera muy parecida a como lo hace Josefo. Apenas llega a la provincia, en lugar de permanecer en Cesarea, a los tres días va a Jerusalén. Puesto que lo que le interesa a Lucas es el caso de Pablo, nos habla únicamente de lo que Festo hizo respecto a ese caso, pero es de suponer que habría muchas otras cuestiones que Festo estaba interesado en discutir con los líderes religiosos de Jerusalén.

En cuanto a Pablo, Lucas nos informa que sus enemigos le pidieron a Festo que le hiciera llevar a Jerusalén para ser juzgado. Piden esto, porque la conjuración de antes todavía existe, y una vez más esperan aprovechar el viaje de Pablo entre Cesarea y Jerusalén para matarlo. La respuesta de Festo tiene cierta lógica, pero también puede indicar que tiene sospechas de los verdaderos propósitos de quienes le hacen la petición. Sencillamente les dice que, puesto que él tiene su residencia en Cesarea, y puesto que Pablo ya está en esa ciudad como prisionero, es mejor, no traer a Pablo a Jerusalén, sino mandar a Cesarea una comisión que pueda acusar al preso ante Festo. Además, con la energía que le es característica, sugiere que el asunto no se deje para más tarde, sino que la delegación judía que desea acusar a Pablo puede viajar de Jerusalén a Cesarea junto al gobernador. De ese modo se podrá tener el juicio casi inmediatamente.

Cuando los enemigos de Pablo ven que su complot no tiene posibilidades, porque Pablo no va a ser trasladado a Jerusalén, no tienen otro remedio que acceder a lo que Festo sugiere. Tras pasar poco más de una semana (entre ocho y diez días) en Jerusalén, Festo regresa a Cesarea. Al parecer, siguiendo la sugerencia de Festo, la delegación judía va con él cuando decide regresar a Cesarea. Por ello, ya al día siguiente es posible hacer comparecer a Pablo ante Festo y sus acusadores. Cumpliendo lo prometido, Festo se sienta en el tribunal y manda buscar al acusado para oír su caso.

Las palabras de Lucas acerca de este juicio son breves. Pablo insiste en que no ha pecado ni contra la Ley de Israel, ni contra el Templo, ni contra el César. Festo —también en este caso Lucas nos dice que para congraciarse con los judíos— le pregunta si está dispuesto a ir a Jerusalén para ser juzgado. Pablo sabe que en tal caso su juicio será una farsa, y que se le condenará sin darle oportunidad para defenderse. Por eso dice: «A César apelo» (25.11). Era derecho de todo ciudadano romano exigir ser juzgado por los tribunales romanos —es decir, los tribunales del César. Esto no quería decir que necesariamente sería el emperador mismo quien oiría el caso, lo cual sería imposible por el sólo número de casos. Lo que quería decir era más bien que los tribunales locales o de los pueblos que eran parte del Imperio, como en este caso el Concilio de los judíos, no podían tomar decisiones finales respecto a ciudadanos romanos. Al apelar a César, por tanto, Pablo no está diciendo necesariamente que quiere ir a Roma para ser juzgado. Lo que sí está diciendo es que, como ciudadano romano, se excluye a sí mismo de la jurisdicción de los tribunales judíos y se coloca bajo los del César —es decir, de los romanos. Pero Festo toma la apelación de Pablo al pie de la letra, y le dice que efectivamente irá a ser juzgado por el César.

La entrevista con Agripa y Berenice

Algún tiempo después, mientras Pablo está todavía bajo la custodia de Festo esperando ser enviado a Roma, el rey Herodes Agripa II y su hermana Berenice van a Cesarea para saludar a Festo. Este Herodes Agripa II era hijo de Herodes Agripa I, quien fue el que hizo ejecutar a Jacobo y encarcelar a Pedro, y murió comido por gusanos. Él y Berenice eran hermanos de Drusila, la esposa de Félix, quien había abandonado al rey de Emesa para casarse con Félix. Berenice había estado casada primero con un judío alejandrino, y luego con su propio tío, de quien tuvo dos hijos. Se fue entonces a vivir con su hermano Agripa, lo cual creó un gran escándalo. Para hacer callar las lenguas, Berenice se casó con el Rey de Cilicia —otro reyezuelo súbdito de Roma— pero lo dejó para volver a vivir con su hermano. Es en esa etapa de su vida que aparece en la historia de Hechos. Pero también se sabe que más tarde fue amante de Tito, el hijo del Emperador, con quien estaba a punto de casarse. Pero Tito la rechazó por no considerarla digna de ascender con él al trono imperial.

La visita de Agripa y Berenice a Festo en Cesarea no es sencillamente una visita amistosa. Es cuestión más bien de protocolo y de política. Es cuestión de protocolo, porque Herodes Agripa les debe su título de rey a las autoridades romanas, y Festo es el representante de esas autoridades en la región. Es también cuestión de política, porque el gobernador anterior, Félix, era cuñado de Agripa y de Berenice —recuérdese que estaba casado con Drusila— y por tanto el nuevo gobernador podría tener dudas de su lealtad hacia él. Luego, Agripa y Berenice, hermanos el uno de la otra, van a Cesarea para rendirle homenaje a Festo.

Lucas dice que «se quedaron allí muchos días» (25.14), y da a entender que fue en una conversación relativamente casual que Festo le mencionó a Agripa el caso de Pablo. En esa conversación, le cuenta que tiene preso a un hombre que fue acusado durante el gobierno de Félix, y cómo se negó a permitir que Pablo fuese condenado en Jerusalén. Le cuenta también del juicio que tuvo lugar en Cesarea. Según Festo le dice a Agripa, no encontró en las acusaciones de los jefes judíos sustancia alguna, «sino que tenían contra él ciertas cuestiones acerca de su religión y de un cierto Jesús, ya muerto, que Pablo afirma que está vivo» (25.19). Nótese que mucho de esto no aparece en la primera parte del capítulo, cuando Pablo comparece ante Festo. Por ejemplo, allí no se menciona una palabra acerca de Jesús. Esto confirma lo que hemos dicho repetidamente: Hechos es una versión muy resumida de toda una serie de acontecimientos. Los discursos se abrevian mencionando sólo los puntos sobresalientes, o lo principal del argumento. Los acontecimientos se abrevian mencionando solamente unos pocos, y callando cuando en alguna ciudad no sucede nada particularmente importante o diferente.

En todo caso, lo que Festo le dice a Agripa explica por qué le sugirió a Pablo que podía ser juzgado en Jerusalén. Según Festo, él mismo no entendía las cosas que se discutían, y por tanto pensó que sería mejor dirimir la cuestión en Jerusalén. Si tal fue el motivo de su acción, resulta claro que estaba en completa ignorancia de toda la discusión, y que no tenía idea de la suerte que esperaría a Pablo de ser enviado a Jerusalén. Por eso se sorprendió cuando Pablo apeló al César. Lo que para él era una sugerencia razonable, para Pablo era una enorme injusticia.

La conversación despierta el interés de Agripa, quien le dice a Festo que quisiera escuchar lo que Pablo tenga que decir. Con la cortesía que le corresponde a un anfitrión respondiendo a una petición por parte de su huésped, Festo le dice que al día siguiente Agripa tendrá oportunidad de oír a Pablo.

Al día siguiente, «con mucha pompa», se prepara la sesión. Los que están presentes son, no sólo Festo y Agripa, sino también Berenice y «los comandantes y principales hombres de la ciudad» (25.23). Pablo es traído ante todos éstos, pero antes de que se le haga pregunta alguna Festo explica su propósito al convocar esta reunión y darle una nueva audiencia a Pablo. Con toda justicia, describe la situación tal como él la entiende. Los judíos de Jerusalén piden que Pablo sea muerto, y lo piden a gritos. Pero el propio

Festo no ha hallado que Pablo haya cometido crimen alguno digno de muerte. Por otra parte, Pablo ha apelado a César, y Festo ha decidido mandarlo a Roma para que sea juzgado allá. Pero, como hemos visto cuando Lisias hizo llevar a Pablo ante Félix, al transferir un acusado de esa manera, esa transferencia debe ir acompañada de un informe en el que se diga en qué consisten los cargos contra el acusado, y qué acciones se han tomado. Ante la necesidad de preparar tal documento, Festo está perplejo, pues no sabe qué decir. Como el propio Festo dice, «me parece fuera de razón enviar un preso sin informar de los cargos que haya en su contra» (25.27).

Al parecer, es Agripa quien está a cargo de la sesión, pues es él quien le da permiso a Pablo para hablar, y es a él que Pablo se dirige.

Pablo empieza diciendo que se alegra de poder presentar su caso ante Agripa, quien es conocedor de «todas las costumbres y cuestiones que hay entre los judíos» (26.2). El propio Herodes era de ascendencia judía, aunque no era muy fiel en su religión. Por tanto, sabría lo que la Ley decía y la manera en que los judíos practicaban su religión (lo que Pablo llama «las costumbres»), y también las diferencias entre los diversos grupos y opiniones dentro del judaísmo (lo que Pablo llama «cuestiones que hay entre los judíos»).

Tras pedirle paciencia a Agripa, Pablo comienza con un resumen de su vida. Empieza contando cómo se crió en Jerusalén, y que siempre fue miembro de la secta de los fariseos, la cual, según él, es «la más rigurosa secta de nuestra religión» (26.5). Entonces contrasta esto con su situación presente, en la que se encuentra perseguido por sus propios correligionarios, «por la esperanza de la promesa que Dios hizo a nuestros padres» (26.6). En los tres versículos del 6 al 8 las palabras «promesa» y «esperanza», así como el verbo «esperar», aparecen repetidamente. Esto se debe a que Pablo está recalcando el hecho de que lo que él predica es el cumplimiento de la promesa que fue hecha en un principio al pueblo de Israel. Esa promesa y la esperanza de su cumplimiento son esenciales para el pueblo de Israel. Y ahora que Pablo dice que la promesa se cumple, ¡le persiguen por eso! A esto Pablo añade que aparentemente sus contrincantes piensan que es imposible que Dios juzgue a los muertos. (Sobre este último punto, recuérdese que la cuestión de la resurrección de los muertos are precisamente uno de los puntos controvertidos entre fariseos y saduceos. Los primeros la afirmaban, mientras los últimos la negaban. Repetidamente, ante el Concilio y en otras circunstancias, Pablo ha subrayado la importancia que tiene para él la resurrección, tanto de Jesús como de los muertos en general. Las altas esferas de la sociedad judía, empero, están dominadas por los saduceos, y por tanto los jefes de Israel ven en la predicación de Pablo una seria amenaza.)

Pablo sigue contando entonces cómo persiguió a la iglesia, no sólo en Jerusalén, sino también en ciudades extranjeras, y cómo encarceló a los cristianos, y votó porque se les diera muerte a otros.

Todo esto sirve de introducción al centro del discurso, que es la historia de cómo, yendo camino a Damasco para llevar allá la persecución contra los cristianos, Pablo vio una gran luz y escuchó la voz del Señor. Al contar la historia esta vez, Pablo incluye en las palabras del Señor lo que en realidad sabemos, por el resto del libro de Hechos, que fue un llamado progresivo. No dice que quedó ciego, que Ananías vino y le dijo algo de lo que Dios quería de él, y que fue sólo más tarde que fue descubriendo nuevas dimensiones en su ministerio. Todo ello sería demasiado detallado, y no viene al caso. Dice sencillamente que, ante el llamado de esa visión, «no fui rebelde a la visión celestial» (26.19). Llevado por esa visión, dice Pablo, predicó el mensaje primero en Damasco y Jerusalén, y por toda Judea, y entre los gentiles. Su llamado fue a «que se arrepintieran y se convirtieran a Dios, haciendo obras dignas de arrepentimiento» (26.20). Según Pablo, ésa fue la razón por la que fue prendido en el Templo y se le amenazó de muerte. Pero, gracias a Dios, ha podido continuar «dando testimonio a pequeños y a grandes» (26.22). Esto es aparentemente una referencia a la pompa que le rodea, y al hecho de que en ese mismo momento está hablando ante un rey y un gobernador romano, además de otras personas importantes.

Finalmente, Pablo insiste en que su predicación no contiene nada que no pueda encontrarse en las Escrituras hebreas («las cosas que los profetas y Moisés dijeron que habían de suceder», 26.22). Estas cosas, que son la esencia de su mensaje, las resume el propio Pablo en el versículo 23: «Que el Cristo había de padecer, y ser el primero de la resurrección de los muertos, para anunciar luz al pueblo y a los gentiles.»

Un aspecto importante de todo este discurso es que Pablo, ya hacia el fin de su ministerio, insiste en que lo que él está predicando no es una nueva religión, sino la culminación de las promesas hechas a Israel. No hay aquí una palabra en el sentido de que Dios haya rechazado a Israel, o que ahora Dios haya decidido que ya Israel no es su pueblo escogido, y haya tomado a la iglesia en su lugar. No, sino que el Evangelio, por ser la culminación de la esperanza de Israel, dice más bien que ahora los gentiles pueden ser parte de la herencia de Israel. Pablo, con todo y ser el «Apóstol a los gentiles», no pretende que los gentiles hayan tomado el lugar de Israel, ni que la iglesia sea enemiga de la sinagoga o vencedora sobre ella, como más tarde se diría. Al contrario, para Pablo los cristianos son, como más tarde diría un teólogo del siglo veinte (Karl Barth), «judíos honorarios». El mensaje de salvación es que ahora los cristianos son tan pueblo elegido de Dios como lo es el pueblo de Israel. Por haberse olvidado de esto, la iglesia se ha hecho cómplice y muchas veces culpable de prejuicios y hasta de persecución contra los judíos.

Festo interviene entonces, gritando que Pablo está loco. Según él, «¡Las muchas letras te han vuelto loco!» (26.24). Aparentemente Pablo ha impresionado a Festo con sus conocimientos. Pero Festo piensa que todo lo que ha sacado de ellos es una serie de ideas extrañas que para él son locura.

La respuesta de Pablo, por extraña que parezca, es apelar al rey Agripa. La razón de esto es que Agripa, con todo y no ser persona religiosa, sabrá de lo que Pablo está hablando. Obviamente, Pablo piensa que Festo no le entiende porque no sabe nada de la religión de Israel, y por lo tanto, hablarle de Moisés y de los profetas, es hablarle de cosas sin sentido. Agripa, por el contrario, se ha criado como judío. Conoce las costumbres, leyes y esperanza de Israel. Por ello Pablo interpela a Agripa, diciéndole por una parte que las cosas de que habla no se han hecho «en algún rincón» (26.26), sino abiertamente y a la vista de todos; y, por otra, que todo esto se fundamenta en los profetas. Casi como un reto, insistiendo en que lo que predica encuentra su base en los profetas, Pablo le dice al Rey: «Crees, rey Agripa, en los profetas? Yo sé que crees.» (26.27).

Esto coloca a Agripa en una situación difícil. Decir que no cree en los profetas le enemistará con los judíos, quienes son la mayoría de la población en su reino. Decir que cree lo que Pablo dice tendrá las mismas consecuencias. Una alternativa sería entrar en una discusión con Pablo acerca de lo que dicen los profetas. Pero Agripa también sabe que Pablo es mejor conocedor de los profetas que él, y por tanto se refugia en el sarcasmo: «Por poco me persuades a hacerme cristiano» (26.28). (Las palabras de Agripa también podrían traducirse como «por poco me haces aparecer como cristiano». Si tal es el caso, entonces también Agripa está expresando su preocupación de que sus súbditos piensen que es cristiano.)

Las últimas palabras de Pablo son un reto a toda la audiencia. Lo que Agripa acaba de decir suena condescendiente, como si el hacerse cristiano fuese un favor que el rey pudiera hacer. Pero Pablo pone las cosas en su sitio. Según él, excepto por las cadenas que lleva como prisionero, su condición es mejor que la de cualquiera de los presentes: «¡Quisiera Dios que por poco o por mucho, no solamente tú, sino todos los que hoy me oyen, fuerais hechos tales cual yo soy, excepto estas cadenas!» (26.29). ¡Palabras contundentes, si recordamos que entre los presentes se cuentan un rey y su hermana, un gobernador romano, y «los comandantes y grandes hombres de la ciudad» (25.23)!

Con esto la entrevista llega a su fin. Los grandes personajes que han participado de ella («el rey, el gobernador, Berenice y los que se habían sentado con ellos», 26.30) se retiran, aparentemente sin decirle una palabra más a Pablo acerca de su reacción a lo que el apóstol ha dicho. Es de suponer que Pablo queda detrás en la sala de audiencias, y que de allí es llevado de nuevo a su prisión.

Una vez solos, los grandes personajes que han escuchado a Pablo llegan a la conclusión de que no hay razón alguna para las acusaciones que se hacen contra él. Festo puede pensar que Pablo está loco; pero eso no es delito. Agripa puede no estar de acuerdo con el modo en que Pablo interpreta a los profetas; pero eso tampoco es delito. La conclusión, al parecer unánime, es que Pablo no ha hecho «ninguna cosa digna de muerte ni de prisión» (26.32), y que por tanto bien puede ser dejado en libertad. Es Agripa quien expresa el sentir del grupo: «Este hombre podría ser puesto en libertad, si no hubiera apelado a César» (26.32). Empero también es posible leer entre líneas el alivio del propio Agripa —y quizás también de Festo— al tener una excusa para no dejar ir a Pablo, lo cual les hubiera creado enorme enemistad entre los líderes de Jerusalén que buscan la muerte del apóstol. Usando la apelación de Pablo a César como excusa, pueden dejarle preso y mandarle a Roma, con lo cual se lavan las manos de este peligroso asunto.

Viaje de Pablo a Roma

(Hechos, capítulos 27 y 28)

Primera etapa de la navegación

Hechos continúa la narración con la frase «cuando se decidió que habíamos de navegar para Italia...» (27.1). Aquí se refiere a la decisión tomada en el capítulo anterior, de deshacerse de Pablo mandándole a ser juzgado en Roma. Nótese también que aquí la narración vuelve al «nosotros». El narrador acompañará a Pablo durante toda la travesía hasta Roma.

Pablo y «algunos otros presos» son puestos bajo la custodia de un centurión de nombre Julio, quien aparecerá repetidamente en el resto de la historia. Con ellos va, además del narrador mismo, «Aristarco, macedonio de Tesalónica» (27.2). Como señalamos al comentar sobre Hechos 19.29, este Aristarco aparece también en las cartas de Pablo. Tanto él como el narrador no parecen ser prisioneros. Como se indicó anteriormente, el tipo de custodia a que Pablo está sometido le permite recibir visitantes y tener quien le sirva. Luego, es de suponer que estos dos acompañantes de Pablo van por su propia cuenta, no enviados por las autoridades ni como presos.

Todos éstos toman «una nave adramitena» (27.2). Adramitio era una ciudad relativamente pequeña, puerto de mar, en la esquina nordeste de lo que hoy es Turquía. Si, como es de suponer, la nave iba de regreso a Adramitio, iría navegando por toda la costa del Mediterráneo, para luego bordear la Península de Anatolia (Turquía) hasta llegar a Adramitio. Puesto que su propio puerto no era una ciudad de mayor importancia, probablemente se trataba de un barco pequeño, bueno para viajes de cabotaje junto a la costa, y que por tanto haría escalas repetidas.

Escala en Sidón

La primera escala tiene lugar en Sidón, un día después de la partida. Hasta aquí, el viaje parece ir bien, y no se dice una palabra sobre el viento o su contrariedad. En Sidón, Julio muestra su confianza en su prisionero permitiéndole a Pablo ir «a los amigos» (27.3), aparentemente el modo en que Julio se refiere a los hermanos de la iglesia de Sidón.

De Sidón la nave sale en dirección al noroeste. Lucas dice que «navegamos a sotavento de Chipre porque los vientos eran contrarios» (27.4). Lo que esto quiere decir es que el viento soplaba del oeste, precisamente la dirección en que se deseaba navegar. Para poder avanzar en esa dirección, la nave se cubre tras la isla de Chipre, y aprovecha la corriente que corre hacia el norte entre Chipre y la tierra firme. Una vez al norte de Chipre, la nave se dirige hacia el oeste, para llegar por fin a Mira, en la costa sur de Anatolia (hoy Turquía). (El texto occidental dice que el viaje demoró dos semanas. En tal caso, esto contribuiría a las dificultades posteriores del viaje, pues la estación del año en que la navegación era más segura iba pasando.)

Cambio de nave en Mira

En Mira los viajeros cambian de embarcación. Puesto que su destino es Roma, no les conviene seguir navegando hacia el norte, para luego tomar otro barco. En Mira hay una «nave alejandrina» que está a punto de zarpar con dirección a Italia, y por tanto, con buenas razones, Julio, sus prisioneros y quienes les acompañan se embarcan en esa nave. Puesto que Alejandría era la segunda ciudad del Imperio, y desde ella se enviaban enormes cantidades de trigo a Roma, es de suponer que esta nave era más grande que la anterior, y por tanto al parecer más segura.

Navegación hasta Buenos Puertos

Pero los vientos son contrarios. Después de «muchos días» de navegación lenta llegan por fin a Gnido, ciudad relativamente cercana a Mira. De allí parten hacia el sudoeste, pues la navegación hacia el oeste es difícil dada la dirección de los vientos. Una vez más, buscan la protección de una gran isla para poder avanzar. En este caso esa isla es Creta. Cuando Lucas dice que llegaron «frente a Salmón» (27.7) se está refiriendo a un cabo en el extremo oriental de Creta. De allí, siguen bordeando la isla hasta llegar «a un lugar que llaman Buenos Puertos, cerca del cual estaba la ciudad de Lasea» (27.8). Al referirse a Buenos Puertos como «un lugar que llaman...;», Lucas está implicando que no se trata de una gran ciudad ni de un lugar, cuyo nombre sería conocido por sus lectores. Las ruinas de Lasea se encuentran en la costa sur de Creta, más o menos a la mitad de la distancia entre uno y otro extremo de la isla. Cerca de ellas, hay una bahía que lleva todavía el nombre de Kalolimoinas, nombre que se deriva de las dos palabras griegas que Lucas emplea para nombrar al lugar: «Buenos Puertos».

Las repetidas demoras debido a los vientos contrarios ya no hacen posible pensar en continuar el viaje hacia Roma ese mismo año. Lucas dice que «había pasado ya el ayuno». Se trata de una fiesta judía que en aquel año 59 cayó el 5 de octubre. La experiencia les había enseñado a los navegantes que la zona oriental del Mediterráneo se volvía peligrosa a partir del mes de octubre, empeorando por varios meses seguidos. Además, durante ese mismo tiempo, los vientos normalmente soplan del oeste, y por tanto la navegación hacia el oeste se hace muy difícil y extremadamente peligrosa. Pablo les dice que ve que la navegación va a ser difícil y costosa.

Hechos no aclara si Pablo dice esto porque ha tenido una visión, o sencillamente porque es viajero experimentado y ve el peligro de la situación. Más adelante, Pablo sí tendrá una visión sobre lo que les ha de suceder.

En los versículos 11 y 12 no está claro quién tenía autoridad para determinar el curso a seguir. El versículo 11 dice que «el centurión daba más crédito al dueño y al capitán de la nave que a lo que Pablo decía». Esto parece dar a entender que es el centurión quien tiene que decidir. Pero en el próximo capítulo se nos dice que «la mayoría acordó...», lo cual da a entender que había varias personas que tomaron la decisión en conjunto.

En busca de mejor puerto. La tempestad

En ese momento, ya nadie piensa continuar el viaje hacia Italia. Lo que se espera es más bien poder resguardarse en un puerto mejor donde pasar el invierno. Ese puerto es Fenice, también en Creta. Luego, lo que se proyecta es una breve navegación cerca de la costa, hasta hallar un puerto más seguro. Cuando por fin el viento parece ser favorable, zarpan de Buenos Puertos en dirección a Fenice. Pero repentinamente les golpea un viento huracanado que llaman el «Euroclidón». Este viento sopla del nordeste, y por tanto les hace imposible seguir navegando junto a la costa de Creta. Lucas dice que «la nave era arrastrada, y al no poder poner proa al viento, nos abandonamos a él y nos dejamos llevar» (27.15). El procedimiento normal al encontrar un viento huracanado es volver la nave hacia él, de modo que el viento y las olas la azoten sobre la proa. De ese modo, el viento mismo ayuda a mantener la nave en posición, pues la nave actúa como una veleta, apuntando siempre hacia el viento. Pero al parecer este viento les llega tan repentinamente que no tienen oportunidad de volver la nave hacia él. Si lo hacen una vez que el viento y las olas han comenzado a arremeter contra ellos, tendrán que poner la nave de costado hacia ellas, lo cual fácilmente puede hacerles zozobrar. Por ello, no les queda otro remedio que dejarse llevar por el viento, recibiéndolo desde la popa. Aunque Lucas no lo dice, en tal caso se izaría una pequeña vela que no fuese suficiente para arrastrar el barco, pero sí para mantenerlo de popa al viento. A veces en tales casos se usaba también un «ancla marina», consistente en una vela que se ataba en la popa y se lanzaba al mar. Puesto que el mar se mueve más lentamente que el viento, esto ayuda a mantener la nave de popa al viento.

Un momento de alivio

Por fin logran cierto alivio cuando pasan a sotavento de la isla de Clauda, cerca de Creta. Lucas dice que fue solamente entonces que «con dificultad pudimos recoger el esquife» (27.6). Éste es un pequeño bote de remos. Aunque a veces iba remolcado, lo común era llevarlo a bordo. Al parecer, aunque Lucas no lo dijo antes, lo que ha sucedido es que el viento del sur que soplaba cuando salieron de Buenos Puertos, y que sería útil para la navegación hacia el oeste, en definitiva no les había ayudado para salir de Buenos Puertos, precisamente hacia el sur. Luego, el bote se había empleado para remolcar la nave hasta alta mar. Pero una vez allí, el embate del Euroclidón fue tan fuerte y repentino, que no pudieron recoger el bote sino al llegar por fin a la relativa calma a sotavento de Clauda.

Aparentemente aprovechando la misma calma repentina, los marineros usan de «refuerzos para asegurar las amarras de la nave» (27.17). Esto puede referirse a una de dos cosas, o quizás a ambas. La interpretación más común es que pasaron cuerdas por debajo del barco, atándolas para reforzar el casco y así evitar que la fuerza de las olas lo deshiciera. Por otra parte, la misma frase puede entenderse en el sentido de otra operación común en tales casos, que consiste en reforzar las amarras que sostienen el mástil, para que éste no caiga. En todo caso, ya en este momento los marineros empiezan a tomar medidas de emergencia.

Continúa la tempestad

‹Los marineros no tienen idea de cuán lejos o cuán rápido el mar y el viento les arrastran, y por ello temen dar en la Sirte, un largo banco de arena en la costa norte de África que tiene fama como lugar de naufragios. Para aminorar la velocidad, arrían la velas. Esto en sí es una medida de desesperación, pues ya no tienen cómo mantener la nave de popa al viento. Al siguiente día se intenta aligerar el barco deshaciéndose de la carga. Esto da a entender que el barco hacía agua, pues en una tempestad el peso mismo de la nave, si no es demasiado, ayudaría a mantenerla en equilibrio. Podemos imaginar que el barco se va hundiendo. Pero con deshacerse de la carga no basta, y al tercer día de tempestad se deshacen de «los aparejos de la nave» (27.19). Probablemente esto se refiera al mástil con todas sus cuerdas, velas, etc. A partir de entonces, la nave alejandrina no es más que un cascarón a merced de los elementos. En este punto, Hechos comenta: «Al no aparecer sol ni estrellas por muchos días [lo cual implica que es imposible determinar dónde se encuentran], y acosados por una tempestad no pequeña, ya habíamos perdido toda esperanza de salvarnos» (27.20).

Palabras de esperanza

Es en ese momento que Pablo interviene con palabras de esperanza. Les dice que ha tenido una visión en la que «el ángel del Dios de quien soy y a quien sirvo» (27.23) le ha dicho que ni él ni ninguno de sus acompañantes ha de perder la vida, pues Dios quiere que Pablo comparezca ante el César. En base a esta visión, Pablo les declara que la nave se perderá, pero ellos se salvarán.

La tierra se avecina

Por fin, después de dos semanas de tormenta, en la oscuridad de medianoche, los marineros sospechan que están cerca de tierra.

Por qué piensan tal cosa, Lucas no nos dice. Posiblemente su experiencia en el mar les ayuda a reconocer un sonido diferente en el viento, o un comportamiento diferente en las olas. Llevados por esa sospecha, echan la sonda, y descubren que la profundidad va bajando de veinte brazas la primera vez, a quince la segunda. Para una nave batida por las olas, sin medios de dirigir su curso, y en la oscuridad de la noche, esta situación representa un peligro inminente. Como primera medida, los marineros echan cuatro anclas, con la esperanza de que alguna de ellas se afiance en el fondo del mar antes que la nave dé en escollos. Los marineros, sabiendo que la nave peligra, echan el esquife al mar, diciendo que van a utilizarlo para lanzar más anclas al otro extremo del barco. Pero su verdadero propósito es abandonar la nave y sus pasajeros a su destino, y ellos salvarse llegando a la tierra que parece estar vecina. Pablo se lo advierte al centurión, quien aparentemente decide que, puesto que el esquife sólo bastará para salvar a unos pocos, lo mejor será deshacerse de él, y así evitar la tentación de los marineros de salvarse ellos mismos y abandonar a los demás. Siguiendo sus órdenes, los soldados cortan las amarras del esquife, que se pierde a la deriva. Ya no hay esperanza de salvación, ni siquiera para unos pocos.

Acciones de esperanza

Una vez más, en medio de circunstancias al parecer desastrosas, Pablo interviene con palabras de aliento. Les dice que ya llevan dos semanas sin comer. Puesto que tal cosa no es literalmente posible, esto ha de entenderse en el sentido de que no se han detenido a comer, no en el sentido de que no han ingerido alimento alguno. Ahora Pablo les invita a comer como es debido, diciéndoles que es «por vuestra salud, pues ni aun un cabello de la cabeza de ninguno de vosotros perecerá» (27.34).

Empero en este caso Pablo refuerza sus palabras de esperanza con acciones de esperanza. No se limita a decirles que coman, sino que él mismo come. Sus palabras y ejemplo animan al resto, de modo que todos también comen.

Los verbos que Lucas emplea aquí —«tomó», «dio gracias», «partió» y «comió»— han llevado a muchos intérpretes a señalar el paralelismo entre esto y la comunión. Esto no quiere decir que Pablo haya de hecho celebrado la comunión en el barco, sino más bien que la comunión misma es una acción de esperanza en medio de un mundo desesperanzado.

Después de haber comido, intentan aligerar la nave todavía más, arrojando el resto del trigo al mar. Y es aquí que Lucas nos dice que el total de personas en el barco —contando marineros, soldados, presos y otros pasajeros— era de doscientas setenta y seis personas.

El naufragio

Por fin se hace de día, y ven que efectivamente se hallan cerca de tierra. En esa tierra ven una ensenada arenosa, y piensan que lo mejor será hacer encallar la nave en ese lugar. Con ese propósito, cortan los cables de las anclas, para que el barco pueda moverse, desatan el timón, que había estado atado durante la tormenta, e izan una pequeña vela en la proa —el mástil principal había sido arrojado por la borda. Cuando por fin encallan, encuentran que las corrientes son contrarias, de modo que al tiempo que la proa está firmemente encallada la popa amenaza con deshacerse. Los soldados temen que los presos escapen, y por eso resuelven matarlos. Pero Julio, quien aparentemente ha llegado a apreciar a Pablo, lo prohíbe para salvarle la vida al apóstol. Entonces todos se lanzan al mar. Los que saben nadar lo hacen hasta la orilla, y los demás se salvan con tablas y otros objetos flotantes.

Malta

Todos llegan a salvo a la orilla, tal como Pablo había anunciado. Una vez allí, aparentemente conversando con los naturales del lugar, se enteran de que están en Malta. Esto implica que no habían derivado tan al sur como temían, sino que habían sido llevados bastante hacia el oeste. Los maltenses tratan a los náufragos «con no poca humanidad» (27.2). Les proveen de calor, pues está lloviendo, y Malta en octubre puede ser fría. Según Lucas, los naturales del lugar encendieron un fuego; pero, puesto que se trata de 276 náufragos, lo más probable es que hayan encendido varios fuegos, y que Lucas se esté refiriendo solamente a la hoguera junto a la cual Pablo y sus acompañantes se calentaban.

Pablo, intentando echarle leña al fuego, es mordido por una víbora, que todos ven colgando de su mano hasta que Pablo la sacude en el fuego mismo. Viendo esto, los maltenses piensan que Pablo verdaderamente ha de ser un criminal, pues no bien se ha salvado de la tormenta cuando la víbora lo muerde. Esa mordida ha de ser acción de los dioses, para que Pablo no se salve. Pero Pablo no sufre consecuencia alguna de la mordida de la víbora, y cuando los naturales del lugar ven esto, piensan que se trata de un dios.

Este relato es interesante, puesto que en Malta no hay serpientes venenosas. Hasta el día de hoy, los maltenses gustan contar la historia, y dicen que desde que una víbora no pudo matar a Pablo todas las demás víboras de la isla perdieron su poder ponzoñoso.

En Malta, Pablo y los suyos conocen a «un hombre principal» llamado Publio (28.7). Puesto que Publio tiene propiedades, recibe a los náufragos y les presta abrigo por tres días. El padre de Publio está enfermo, y Pablo lo sana. Cuando las gentes se enteran de esto, empiezan a traer a sus enfermos para ser sanados, y se muestran muy atentos con los náufragos, o al menos con Pablo y sus acompañantes. Cuando por fin el grupo se dispone a zarpar de nuevo, rumbo a Italia, los maltenses les proveen de «todo lo necesario» (28.10).

Ni en Hechos ni en el resto del Nuevo Testamento se nos dice una palabra más acerca de Malta. Pero una tradición posterior afirma que surgió allí una comunidad cristiana, y que Publio fue su primer obispo.

Continúa el viaje

Los náufragos permanecen en Malta tres meses. Ya para entonces sería el fin de enero, y la navegación comenzaba a hacerse más fácil. Se embarcan en otra nave alejandrina, que había invernado en Malta. Es todavía relativamente temprano en el año para la navegación, pero el tiempo va mejorando, y Hechos no vuelve a hablar de mal tiempo ni de vientos contrarios. Lucas nos dice que el barco «tenía por enseña a Cástor y Pólux» (28.11). Estos son dos dioses gemelos que son patronos de la navegación.

La nave se dirige primero a Siracusa, capital de Sicilia, donde permanece tres días. Luego continúa el viaje ciñéndose de cerca a la costa italiana, de modo que llegan primero a Regio y de allí a Puteoli. Este puerto, hoy Pozzuoli, se encuentra al sur de Italia, aproximadamente a media distancia entre Nápoles y Roma. Lucas dice que «allí encontramos algunos hermanos» (28.14). Esto nos sirve de recordatorio, hacia el final del libro de Hechos, de lo que hemos visto desde el principio: Hechos no es la historia de toda la expansión misionera del cristianismo, sino sólo de una fracción de ella. Al tiempo que Pablo partía en su segundo viaje, Bernabé emprendía un viaje semejante, del cual deben haber resultado un número de comunidades cristianas. Otros apóstoles y evangelistas van a otros lugares. Ahora Pablo llega al puerto de Puteoli, y ya hay allí una iglesia que les ruega a él y sus compañeros que se queden por algún tiempo.

Aparentemente, el aprecio que Julio le tiene ahora a Pablo es tal, que consiente en esta estadía prolongada en Puteoli, pues sin tal consentimiento no les hubiera sido posible a Pablo y sus acompañantes permanecer allí. Julio mismo permanece en Puteoli esos siete días, junto a los otros presos que le han sido encomendados.

Llegada a Roma

Mientras Pablo y sus acompañantes están en Puteoli, los cristianos del lugar mandan avisar a los de Roma de la llegada del apóstol. Algunos hermanos de Roma salen a recibirle. El primer contingente se encuentra con Pablo en el Foro de Apio, tras viajar unos sesenta y cinco kilómetros. El segundo contingente, que quizás salió más tarde, o quizás viajó más despacio, se encuentra con él poco más al norte, en las Tres Tabernas. Todo esto anima a Pablo, quien da gracias a Dios por estos hermanos.

El grupo llega por fin a Roma, más de medio año después de haber salido de Cesarea. Allí Julio hace entrega oficial de sus prisioneros al prefecto militar, como es de rigor. A partir de entonces no se dice más de Julio. En cuanto a Pablo, se le permite «vivir aparte, con un soldado que lo vigilara» (28.16). Tal era el procedimiento que se seguía frecuentemente con los acusados de crímenes menores, de quienes no se temía que huyeran o que cometieran violencia. En tales casos, el preso llevaba una cadena relativamente larga y ligera, que le permitía cierta libertad de movimiento.

Pablo en Roma

El modo en que le tienen prisionero le permite a Pablo, tres días después de llegar a Roma, convocar «a los principales de los judíos» (28.17). Esto es de suma importancia. Una vez más, esto nos muestra cuán equivocado es el cuadro de Pablo que le pinta como contrario al judaísmo, como si hubiera decidido que Dios ya no quiere tener nada más que ver con Israel. Al contrario, Pablo está predicando, como les dirá a estos jefes judíos, «la esperanza de Israel» (28.20).

Una vez reunidos estos jefes judíos de Roma, Pablo les cuenta su propia historia, y por qué ha sido traído a Roma como prisionero. Comienza diciéndoles que en nada se opone a los judíos ni «a las costumbres de nuestros padres» (28.17). Pero les dice que a pesar de eso los jefes judíos de Jerusalén le han entregado en manos de los romanos, y que la razón por la que tuvo que apelar al César no es que desee «acusar a mi nación» (28.19), sino que de no haberlo hecho los líderes de Jerusalén lo hubieran hecho matar. En resumen, Pablo no intenta ocultarles a los judíos de Roma lo que han hecho sus hermanos de Jerusalén, ni tampoco el hecho de que es mal visto en Jerusalén.

Los jefes judíos de Roma le contestan con igual franqueza. No han recibido noticia alguna de Jerusalén acerca de Pablo, ni ha llegado nadie de Jerusalén para acusarle. Posiblemente, pasado tanto tiempo, ya los de Jerusalén dan a Pablo por muerto, y no se ocupan particularmente de él. Luego, estos judíos de Roma no sienten enemistad alguna contra Pablo, pero sí le piden que les explique lo que él cree, pues han recibido bastantes malas noticias acerca de «esta secta» (el cristianismo).

Se determina un día para que Pablo haga su exposición, y llegado ese día Pablo les dirige su último discurso en el libro de Hechos. En ese discurso, como en tantos otros, les habla acerca del reino de Dios y de Jesús, tratando de persuadirles a base de referencias tanto a la Ley de Moisés como a los profetas. La respuesta es mixta, pues unos aceptan lo que Pablo dice y otros lo rechazan. Por ello, al terminar el día, Pablo les cita unas palabras del profeta Isaías acerca de la incredulidad del pueblo (Is 6.9-10). A esto añade que el mensaje que tiene es también para los gentiles, a quienes «es enviada esta salvación» (28.28). Lo que esto quiere decir no es que Pablo esté rechazando el judaísmo, sino que está indicándoles a estos jefes judíos que, si algunos de ellos no creen lo que Pablo les dice, con todo y eso el mensaje es de salvación también para los gentiles, «y ellos oirán» (28.28).

Después de estas palabras, quienes habían sido convocados para escuchar a Pablo se van, «teniendo gran discusión entre sí» (28.29). Lo que esto indica es que, como antes en tantos lugares diferentes, la predicación de Pablo causa desacuerdo entre los judíos, pues mientras unos la aceptan, otros la rechazan.

El libro termina con unas palabras en las que resume la condición y las actividades de Pablo durante dos años que pasa prisionero en

Roma. Puesto que su custodia es ligera —algo parecido a nuestro «arresto en domicilio»— Pablo tiene una casa alquilada. Aunque él mismo no puede salir a predicar fuera, o a visitar la sinagoga o las iglesias, sí recibe visitantes, y a ellos les enseña acerca del reino de Dios y del Señor Jesucristo. Y Lucas termina diciéndonos que Pablo hacía esto «abiertamente y sin impedimento» (28.31).

Conclusión

Un final inesperado

El libro de Hechos termina dejándonos con una serie de preguntas sin contestar. ¿Qué fue de Pablo? ¿Qué de la obra de los demás apóstoles? Acerca de Pedro no se nos ha dicho una palabra desde mediados del libro. ¿Qué de otros personajes secundarios, pero importantes e interesantes, como Lidia, Timoteo, Priscila y Aquila? En vano buscaremos respuesta en este libro.

El fin es tan abrupto que, si no supiéramos que el libro tiene sólo 28 capítulos, al terminar de leer acerca de las condiciones de Pablo en Roma, le daríamos vuelta a la página esperando la continuación de la historia. Pero en lugar de otro capítulo de Hechos, nos topamos con la Epístola a los Romanos.

Los intérpretes han sugerido varias explicaciones para este fin abrupto. Una de ellas es que cuando Lucas escribió el libro, Pablo estaba todavía prisionero y predicando en Roma. En tal caso, Lucas sencillamente no dice más porque no hay más que decir. Tal teoría, empero, presenta dos dificultades. La primera es que, aun si Pablo estaba todavía predicando en Roma, Lucas debió traernos al día respecto a los demás apóstoles, particularmente respecto a Pedro y a Juan, quienes tienen un lugar tan importante en los primeros capítulos del libro, pero luego sencillamente desaparecen. La segunda dificultad respecto a esta teoría es que el fin de la historia que Hechos narra debe situarse, cuando más tarde, para el año 64. Pero por toda una serie de otros indicios, los estudiosos de la Biblia concuerdan en que Hechos se escribió, cuando más temprano, alrededor del año 80. Luego, no cabe pensar que Lucas no sabía lo que le sucedió a Pablo después de sus dos años de encarcelamiento.

Otra teoría es que Lucas tiene el propósito de mostrar que el cristianismo es perfectamente aceptable al Imperio Romano, y no quiere hacer constar que Pablo murió en manos de los romanos, por orden de Nerón. Esta teoría también presenta dos dificultades. La primera es que a través de toda su historia —particularmente en los últimos capítulos del libro— Lucas no parece hacer esfuerzo alguno por congraciarse con las autoridades romanas, sino que las presenta como corruptas, veleidosas e indecisas. Si el propósito del libro fuese suavizar las actitudes de las autoridades romanas hacia la iglesia, Lucas nos hubiera presentado a esas autoridades de otro modo. La segunda dificultad es que cuando Lucas escribió su libro ya la muerte de Pablo era cosa notoria, y seguramente quien tuviese suficiente interés en el cristianismo para leer todo este libro sabría de sobra acerca de la persecución de Nerón y de la muerte de Pablo durante esa persecución.

En tercer lugar, algunos sugieren que Teófilo, a quien el libro va dirigido, conoció a Pablo en Roma, y que por tanto sólo le interesa la carrera del apóstol hasta ese punto. La principal dificultad para tal explicación es que en tal caso Teófilo no hubiera necesitado un libro para conocer la historia de Pablo, porque bien pudo oírla de labios de Pablo mismo o de sus discípulos y acompañantes.

Quien escribe estas líneas se inclina hacia otra explicación: El libro no es sobre los apóstoles, ni sobre Pablo, ni sobre la iglesia, sino sobre el Espíritu Santo. Los episodios referentes a Pedro y a Juan, a Priscila y Aquila, a Lidia, a Pablo y a todo otro personaje en el libro no tienen el propósito tanto de contarnos lo que ellos hicieron, sino de contarnos más bien lo que el Espíritu hizo a través de ellos. Si Lucas hubiese continuado su historia hasta la muerte de Pablo —y de Pedro— estaría dando la impresión de que el tiempo a que se refiere terminó con la muerte del último apóstol. (Y ciertamente ha habido en la historia de la iglesia quien ha dicho que la era apostólica fue un tiempo especial, y que de ese modo se explica por qué los grandes hechos que allí se narran no se repiten hoy). Lo que Lucas quiere hacernos ver es todo lo contrario: el mismo Espíritu que actuó a través de Pedro y de Juan, de Priscila y de Pablo, continúa actuando a través de la iglesia. En consecuencia, podríamos decir, algo metafóricamente, que el libro que Lucas escribió termina en el capítulo 28, pero que la historia a que se refiere continúa hasta hoy, y que por ello nuestra propia historia —la historia de cómo el Espíritu actúa hoy a través de nosotros— ¡es el «capítulo 29» de Hechos!

La muerte de Pablo

Una vez dicho eso, para los lectores que no gustan de historias inconclusas, quizá convenga decir algo acerca de la vida de Pablo después de lo que Hechos nos cuenta. El lector recordará que al final de su libro Lucas nos dice que Pablo permaneció en Roma «dos años enteros». Como hemos dicho anteriormente, dos años era el límite de tiempo durante el cual podía retenerse un preso sin hacerle juicio. Si, como Lucas dice, los judíos de Jerusalén no se ocuparon de llevar su pleito hasta Roma, la referencia a los «dos años» da a entender que al cabo de ese tiempo Pablo fue puesto en libertad.

Hay una tradición antigua según la cual Pablo fue entonces a España, y regresó luego a Roma. La veracidad de tal dato se debate entre los eruditos. De lo que no cabe duda es que Pablo fue muerto durante la persecución de Nerón. Puesto que Nerón cayó del trono en el año 68, la muerte de Pablo debe haber tenido lugar antes de ese acontecimiento. Se cuenta además que Pablo murió decapitado, a la vera de uno de los principales caminos que salían de Roma, lugar en donde todavía hay una iglesia en su honor.

El morir decapitado, más bien que por algún otro método más cruento, era prerrogativa de los ciudadanos romanos, y por tanto este dato resulta muy verosímil.

Algún tiempo después, alguien comenzó a coleccionar las cartas de Pablo, y éstas vinieron a ser buena parte de nuestro Nuevo Testamento. ¡Así el Espíritu que actuó a través de Pablo en vida del apóstol ha continuado actuando a través de él aún después de su muerte!

Bibliografía selecta en español

Bruce, F.F., *Los Hechos de los Apóstoles* (Buenos Aires: Nueva Creación, 1992)

Flanagan, O.S.M., *Los Hechos de los Apóstoles* (Santander: Sal Terrae, 1956)

García, Rubén, *La Iglesia, pueblo del Espíritu: Las primeras comunidades cristianas en los Hechos y Apocalipsis* (Barcelona: Ediciones Don Bosco, 1983)

González, Justo L., *Hechos de los Apóstoles* (Buenos Aires: Kairós, 2000)

González, Justo L., *Tres meses en la escuela del Espíritu* (Nashville: Abingdon, 1997)

Horton, Stanley M., *Los Hechos de los Apóstoles* (Miami: Vida, 1987)

Kürzinger, Josef, *Los Hechos de los Apóstoles*, 2 tomos (Barcelona: Herder, 1979)

Roloff, *Hechos de los Apóstoles* (Madrid: Cristiandad, 1984)

Ryrie, Charles C., *Los Hechos de los Apóstoles* (Grand Rapids: Portavoz, 1981)